Marokko

Rita Henß lebt als Journalistin und Autorin in Frankfurt. Marokko und die übrigen Länder des Maghreb bereist sie regelmäßig. Das Ursprungsmanuskript schrieb Ingeborg Lehmann.

 Familientipps

 Diese Unterkünfte haben behindertengerechte Zimmer

 Ziele in der Umgebung

Preise für ein Doppelzimmer mit Frühstück:

€€€€ ab 3500 DH €€ ab 500 DH
€€€ ab 1500 DH € bis 500 DH

Preise für ein dreigängiges Menü ohne Getränke:

€€€€ ab 400 DH €€ ab 100 DH
€€€ ab 250 DH € bis 100 DH

Inhalt

◄ Der Erg Chebbi (► S. 107) eignet sich bestens für Ausflüge durch die Dünen mit Kamel.

Unterwegs in Marokko 32

Mittelmeerküste und Rif

Die Sultansstädte des Nordens

Casablanca und Atlantikküste

Marrakech und der Hohe Atlas

Kasbahroute und Oasen

Agadir und der Süden

Agadir und der Süden

Touren und Ausflüge 120

Wissenswertes über Marokko 128

✳ Karten und Pläne

Die Koordinaten im Text verweisen auf die Karten, z. B. ► S. 148, B 3.

Willkommen in Marokko Die Exotik

Nordafrikas, berberische und arabische Bauten, dazu unvergleichliche Kontraste zwischen Hochgebirge, Wüste und Meer.

»A donde« (span. Wohin?) fragt der marokkanische Taxifahrer, obwohl an der Bahnhofsfassade neben den arabischen Lettern groß das französische Wort »Gare« (Bahnhof) geschrieben steht. Und die junge Dame mit den krausen Zöpfen hinter der Hotelrezeption verkündet mit geradezu kindlichem Stolz: »Wir sprechen hier viel Arabisch und viel Französisch und viel Spanisch.«

Hier – das ist Tanger. Das Tor zu Nordafrika. Das Sprungbrett nach Europa. Je nachdem, woher man kommt. Nur 14 km trennen an der schmalsten Stelle der Meerenge von Gibraltar das christliche Abendland vom islamischen Morgenland.

Mit mehr als 400 km Mittelmeerküste, die zurzeit durch touristische Großprojekte und eine Küstenstraße erschlossen wird, sowie seiner dem Atlantik zugewandten, rund 3000 km langen Westfront blickt Marokko als einziges der fünf Großmaghreb-Länder auf zwei Meere. Lange, feinsandige Strände, Dünenwälle und steile Klippen bilden in dem Land, das nahezu zweimal so groß ist wie die Bundesrepublik, inzwischen vielerorts die Kulisse für eine internationale Luxushotellerie, für Beach-Resorts, Jachthäfen und Golfplätze.

Gebannt schaut die junge Frau dem Turban-Mann auf die Hände. Geschickt stopft er feinste Pülverchen

◄ Rhythmus im Blut: Die Gnaoua-Musiker gehören zu den Stars auf der Jemaa el-Fna (▶ S. 87) in Marrakech.

und filigranste Späne in ein winziges Messinggefäß. Ein Amulett! Böse Hausgeister soll es verscheuchen und den richtigen Bräutigam finden helfen. Nach gut einer Viertelstunde hat der Wunderdoktor sein Werk vollendet. Zufrieden kehrt die junge Frau ihm und der Jemaa el-Fna den Rücken. Marrakech, anno 2013.

Ein Land der Gegensätze

»Marokko kann ziemlich verwirrend sein für jemanden, der es zum ersten Mal entdeckt«, schrieb bereits der New Yorker Schriftsteller Paul Bowles (1910–1999), der ab 1947 bis zu seinem Tod in Tanger lebte und dort den berühmten, später verfilmten Roman »Himmel über der Wüste« verfasste. Auch das Marokko des 21. Jh. verwirrt den Besucher. Hart prallen die Kontraste aufeinander, landschaftlich wie sozial, baulich wie kulturell. Lehmburgen und gläserne Hochhauspaläste. Schneebedeckte Atlasgipfel und haushohe Wüstendünen. Kühle Zedernwälder und steinige Trockenflüsse. Karge Arganhaine und üppige Obstplantagen – und Rebstöcke.
Hafida, 30 Jahre jung, attraktiv und unverheiratet, sorgt dafür, dass aus den Trauben bester Wein wird. Die Önologin in Meknès ist Chefin einer reinen Männerriege. Und Muslima. Den Ramadan hält sie ein; beim Verkosten des Weins, so hat sie ihren Eltern erzählt, lasse sie diesen niemals durch ihre Kehle rinnen. Auf dem Rundgang durch die Kellerei trägt sie über dem Minikleid einen weißen Kittel. Züchtig bedeckt er die Knie. »Marokko«, sagt Hafida, »ist ein Land

im Umbruch. Vieles an Neuem wird schon toleriert.« Nur: Den neuen, der modernen Welt angepassten Gesetzen hinkt die träge Mentalität der »ewig Gestrigen« hinterher, vor allem auf dem Land. Aber Jeans und Kaftane, Spaghetti-Tops und Kopftücher werden in den Souks der Großstädte Seite an Seite verkauft.

Der junge Reformkönig

Seit Mohammed VI 1999 den Thron bestieg, hat sich viel im Land verändert. Mutige Reformen wurden umgesetzt, vor allem im sozialen und religiösen Bereich. Beispielsweise die Neufassung des im Koran verankerten Familienrechts, wodurch den Frauen mehr Rechte eingeräumt werden. In den Moscheen dürfen jetzt auch weibliche Imame predigen. Mit der Ernennung einer königlichen Beraterin setzte der Monarch ein Zeichen, dass es ihm ernst ist mit der Gleichstellung von Mann und Frau. In letzter Zeit haben sich Frauen Berufe erobert, die in Marokko als reine Männerdomäne galten: So gibt es Ministerinnen, Staatssekretärinnen, Gouverneurinnen, Botschafterinnen, Bürgermeisterinnen, Parlamentarierinnen, auch Verkehrspolizistinnen, Pilotinnen, Feuerwehrfrauen und Automechanikerinnen. Um die Analphabetenrate zu verringern, wurden über 3000 Moscheen geöffnet, damit dort Lernwillige im Alter von 15 bis 45 Jahren Grundkenntnisse im Schreiben und Lesen erhalten. Begrüßt werden auch die Aufarbeitung der Menschenrechtsverletzungen während der »Blei-Jahre« unter Hassan II., der fortschreitende Demokratisierungsprozess mit einer umfassenden Verfassungsreform und die Politik der friedlichen Lösung des Sahara-Problems.

MERIAN-TopTen

MERIAN zeigt Ihnen die Höhepunkte des Landes: Das sollten Sie sich bei Ihrem Besuch in Marokko nicht entgehen lassen.

 1 Chefchaouen
Altandalusische und altmaghrebinische Elemente verleihen dem idyllischen Bergstädtchen seinen Charme (► S. 39, 122).

 2 Grande Mosquée Hassan II, Casablanca
Symbol des toleranten Islam: Die Mega-Moschee ist auch für Nichtmuslime offen (► S. 50).

 3 El-Jadida
Neben Essaouira eine der eindrucksvollsten portugiesischen Atlantikfestungen – die alte Zisterne diente sogar als Filmkulisse (► S. 55, 124).

 4 Mausolée Mohammed V, Rabat
Die Grabmoschee von 1971 neben den almohadischen Ruinen bezeugt 800 Jahre maurische Kunst (► S. 65).

 5 Volubilis
Die Ruinen in einem Ölbaumtal verweisen auf das einstige Leben in einer kosmopolitischen Römerstadt (► S. 76).

 6 Fès el-Bali
Ein Sinnesrausch: labyrinthische Gassen, winzige Läden, dichtes Gedränge und orientalisches Kolorit (► S. 77, 78).

 Souks von Marrakech
Die weitläufigsten, buntesten, berauschendsten im ganzen Land: eine exotische Welt, die einen starken Sinnesreiz verströmt (▸ S. 90).

 Cascades d'Ouzoud
Die 110 m hohen Wasserfälle inmitten dichter Vegetation zählen zu den eindrucksvollsten Naturattraktionen des Landes (▸ S. 97).

 Oasen-Exotik im Drâa-Tal
Exotik pur zwischen Ouarzazate und Zagora: Ziegelrote Wehrdörfer kontrastieren mit grünen Dattelpalmen (▸ S. 106, 123).

 Erg Chebbi
Der Sonnenuntergang in den gigantischen Wüstendünen bei Merzouga ist ein unvergessliches Erlebnis (▸ S. 107).

MERIAN-Tipps Mit MERIAN mehr erleben.
Nehmen Sie teil am Leben des Landes und entdecken Sie Marokko, wie es nur Einheimische kennen.

1 Essen auf der Jemaa el-Fna, Marrakech
Rattert nach Sonnenuntergang der Karren-Korso an, wabern duftende Schwaden um den Platz der Plätze (▶ S. 16).

2 Kunsthandwerkskomplexe
Souvenirs zu zivilen Preisen ohne Feilschen – die modernen Ensembles Artisanaux machen's möglich (▶ S. 23).

3 Festival Mawazine, Rabat
Internationale Musikgrößen und einheimische Nachwuchstalente gastieren für neun Tage in der Stadt (▶ S. 25).

4 Moussem des Cierges, Salé
Prachtvoller Laternenumzug zu Ehren des Stadtheiligen Sidi Abdallah Ben Hassoun, organisiert von den Handwerksgilden (▶ S. 70).

5 Restaurant Al-Fassia, Fès
Fassi-Küche vom Feinsten und ein edler maurischer Rahmen prägen das Traditionsrestaurant Al-Fassia (▶ S. 81).

6 Sidi Ghanem, Marrakech
Einst das Industrieviertel Marrakechs, nun Adresse für Designer-Ateliers von Keramik bis Bettwäsche (▶ S. 95).

7 **Amizmiz**
Mehrere Weiler formen die Gemeinde am Fuß des Jbel Erdouz. In einem, dem Douar Regragra, leben fast nur Töpfer (▸ S. 99).

8 **Kasbah Dar Daif**
Eine Ecolodge, eingerichtet in einer restaurierten Wehrburg: Vor den Toren von Ouarzazate nächtigt man in authentischem Ambiente (▸ S. 104).

9 **Musée des Arts et Traditions de la Vallée du Drâa**
Im Kasbah-Museum im Drâa-Tal erfährt man viel über das traditionelle Leben der Oasenstämme (▸ S. 106).

10 **Bummel durch ein Wehrdorf**
Der bewohnte Ksar Arbit im Ziz-Tal bei Erfoud präsentiert sich in typischer Tafilalet-Architektur (▸ S. 108).

Bergeweise türmen sich das frische Obst
und Gemüse auf dem Markt in der Medina
von Tanger (▶ S. 35), der magischen Meerengenstadt zwischen Afrika und Europa.

Zu Gast
in Marokko

Auch in seiner Gastronomie, seinen Geschäften und
Festivitäten ist Marokko ein Land der Kontraste: Tradition und Moderne berühren sich auf Schritt und Tritt.

Übernachten
In den stilvollen historischen Riads in den Médinas bezaubert arabo-andalusisches Flair; neue Luxushotels setzen vermehrt auf modernes Design mit traditionellen westmaghrebinischen Elementen.

◄ Das Palais Didi (► S. 74) in Meknès, einst ein Pavillon Moulay Ismaïls, gruppiert sich um einen prunkvollen Riad.

So kontrastreich wie das Land ist auch seine Hotellerie. Nur: Die Unterkünfte sind ungleich verteilt, sie konzentrieren sich auf die großen Urlauberhochburgen Agadir und Marrakech sowie Casablanca und Rabat. Die führenden Hotels sind umgeben von subtropischen Gärten mit Pool und entsprechen internationalen Standards. Charakteristisch sind traditionelle Stilelemente wie begrünte Innenhöfe, Pavillons mit grünen Pyramidendächern und maurische Bögen. In den Oasen herrscht der Kasbah-Stil vor. Mehr oder weniger reicher maurischer Flächendekor, marokkanisches Kunsthandwerk, die unentbehrlichen »Salons marocains« mit ihren Wandsofas, Polsterkissen und Teppichen verbreiten in vielen Hotels ein landestypisches Flair.

Luxussuite oder Zeltdach?

Besonders elternfreundlich sind die **Villages de vacances** und die **Résidences touristiques** mit Einrichtungen für Selbstversorger. Last but not least findet der Jetset exklusive Spitzenhotels mit traumhaften, entsprechend teuren Suiten, exquisite Hideaways und prächtige **Riads** wie aus Tausendundeiner Nacht. Dagegen können Backpacker schon für umgerechnet 3 € auf der Dachterrasse einer Oasenherberge oder einer Matratze im Nomadenzelt schlafen. In den zahlreichen unklassifizierten Hotels bezahlt der Low-Budget-Traveller ab umgerechnet 5 € fürs Bett. Solche Kleinhotels ohne jeglichen Komfort finden sich meist beim Fernbusterminal und in den Médi-

nas. Viele kleine Orte verfügen nur über solche Unterkünfte.

Individuelles Wohnen

Gästehäuser treten unter der Bezeichnung Riad, Ryad, Dar (arab. Haus), Kasbah, Ksar, Villa, Casa und Fantasienamen auf. Ein Gästehaus ist nicht immer ein Riad, ein Riad dagegen ist stets ein Gästehaus.

Maisons d'hôtes gelten als Privatunterkünfte. In den Neunzigerjahren begann schließlich der Run auf die Riads. Darunter versteht man herrschaftliche Bürgerhäuser im arabo-andalusischen Stil, deren gefliester Innenhof (Patio) als Garten (Riad) gestaltet wurde. Diese neue Tendenz zeigte sich zuerst in Marrakech. Dabei erwarben Europäer alte Médina-Häuser, sorgten für eine stilgerechte Restaurierung und eröffneten darin Restaurants oder sie richteten einige Zimmer für zahlende Gäste ein. Heute stehen in ganz Marokko Hunderte klassifizierter Gästehäuser von schlicht bis palastartig zur Wahl.

Riads au Maroc ► Klappe hinten, c 3

Diese Agentur vermittelt Gästehäuser (Maisons d'hôtes) verschiedener Preisklassen in ganz Marokko – in den alten Sultansstädten ebenso wie in romantischer Lage auf dem Land. Auf Wunsch wird der Gast gegen Gebühr vom Flughafen abgeholt. Marrakech-Guéliz, Rue El-Mahjoub-Ermiza, nahe Bab Nkob • Tel. 05 24 43 19 00

Empfehlenswerte Hotels und andere Unterkünfte finden Sie bei den Orten im Kapitel ► Unterwegs in Marokko.

Preise für ein Doppelzimmer mit Frühstück:

€€€€ ab 3500 DH	€€ ab 500 DH
€€€ ab 1500 DH	€ bis 500 DH

Essen und Trinken
Verführerisch duftend, fremdartig gewürzt, mal ländlich schlicht zubereitet, mal raffiniert modernisiert: Marokkos Küche ist in jeder Region des Landes ein wahres Fest für den Gaumen.

◄ Stolz präsentiert der Ober das Schmorgericht Tajine im typischen Tongefäß in einem Riad von Marrakech (▶ S. 85).

In der marokkanischen Küche vermischen sich berberische, arabische, maurische und saharische Einflüsse. Und der Koran setzt die Speiseregeln fest. Danach darf nur Fleisch von geschächteten Tieren verzehrt werden, Schwein grundsätzlich nicht. »Esst und trinkt und lasst es euch wohl bekommen«, gebietet der Koran. Gern halten sich die Marokkaner daran.

Im »Salon marocain«

In traditionsbewussten Haushalten ist die Küche neben dem »Salon marocain« der wichtigste Raum. Mit seinen wohligen Polsterbänken und bauchigen Rückenkissen ist der schmale, teppichbelegte Salon, der zugleich als Esszimmer dient, für den Empfang zahlreicher Gäste konzipiert. In enger Reihe sitzen die Konviven an niedrigen runden Tischen. Ein Dienstmädchen oder ein Diener reicht das formschöne Handwaschbecken mit Kanne von Gast zu Gast. Nach dem obligaten Ritus des Händereinigens murmelt jeder Tischgenosse »bismillah« (im Namen Allahs) und greift mit Daumen, Zeige- und Mittelfinger der rechten Hand in die gemeinsame Schüssel. Ein Happen vom Rundbrot, häufig noch hausgebacken, dient zum Auftunken der Soße. Wurde eine »diffa« (Festessen) ausgerichtet, dann scheint die Schüsselparade kein Ende zu nehmen. Eine beliebte Vorspeise ist die »harira«, eine deftige Suppe aus Linsen, Kichererbsen, Reis und Fleischstückchen. Im Ramadan steigt der Duft der Fastenbrechsuppe appetitanregend in die Nase. Das Prestigegericht der verfeinerten Küche heißt »pastilla«. Mit Puderzucker bestäubt, ähnelt das runde Gebilde einer Torte, besteht aber aus etwa 40 hauchdünnen, aufgeschichteten Blätterteigfladen. Die Herstellung der durchsichtigen Teigblätter verlangt viel Übung. Die raffinierte Füllung aus Mandelpaste, Zwiebeln, Eiern und z. B. Täubchenfleisch, gewürzt mit Zimt, Pfeffer und Safran, verleiht der »pastilla« ihren pfeffrig-süßen Geschmack.

Im Land der Tajines gibt's zur Hauptmahlzeit fast immer dieses Schmorgericht. Schier unmöglich, die mehr als 50 Variationen aufzuzählen. Es sind unter konischen Deckeln in irdenen Tajines über der Holzkohlenglut geschmorte Ragouts aus Lamm, Huhn, Taube, Pute, Fisch, Leber oder Nieren. Die Namensgeber dieser endlos köchelnden Eintopfgerichte sind marktfrische Gemüsezutaten, je nach Saison grüne Erbsen, Karotten, Kichererbsen, Kürbis oder Topinambur. Köstlich die süßsauren Tajines mit Backpflaumen, Birnen, Quitten, Datteln, Süßkartoffeln oder Rosinen.

Couscous und Minztee

Als nächster Gang folgen häufig geschmorte, zarte ockerfarbene Hühnchen unter geröstetem Mandelburnus. Dann kommt das bekannte Wahrzeichen der arabischen Küche, der **Couscous**. Das ist ein safrangelber, in einem Doppeltopf über Wasserdampf gegarter Hartweizen- oder Gerstengrieß, vermischt mit Fleisch vom Huhn, Lamm, Rind, Täubchen, konisch aufgehäuft und garniert mit den vier gedünsteten Ks: Karotten, Kohl, Kichererbsen und Kürbis. Der Couscous hat Symbolgehalt: Er steht für Freundschaft, Gastlichkeit und Einvernehmen. Traditionelle Familien essen Couscous ihr Leben lang jeden Freitag zu Mittag nach dem Gemeinschaftsgebet in der Moschee. Nach dem Essen wiederholt sich der Händewaschritus. Es folgt das Teezeremoniell. »Thé à la menthe«, das Nationalgetränk, von spitzen Zungen »Berber-Whisky« genannt, krönt jedes klassische Essen, wird zu jeder Tageszeit getrunken und potenziellen Teppichkäufern im Basar vorgesetzt. Hausgebäck aus Mandelpaste, honigtriefend, beendet die Tafel.

Die traditionelle »diffa«

Bei den Festlichkeiten zur Hochzeit, nach der Geburt eines Kindes, der Beschneidung der Söhne und bei den Moussems (Heiligenfesten) wird eine »diffa« mit »mechoui« veranstaltet. Wenn dann das am Spieß oder im Erdofen gebratene Lamm in seiner ganzen Länge aufgetragen wird, leuchten die Augen der Tischgenossen.

MERIAN-Tipp

ESSEN AUF DER JEMAA EL-FNA
► Klappe hinten, d 4

Feenhafte Laternenbeleuchtung, in Trance versetzende Trommelschläge und rege Betriebsamkeit: Das ist der Rahmen bei einem Dîner auf dem berühmten Platz Jemaa el-Fna in Marrakech. Schwer fällt die Wahl, wenn sich an zig mobilen, nummerierten Ständen mit Preisschildern die Delikatessen der marokkanischen Küche präsentieren. In gedrängter Reihe sitzen Einheimische und Urlauber auf langen Bänken und schlemmen für wenig Geld. Bismillah! Bon appétit!
Marrakech, Jemaa el-Fna

Die losgelösten Fleischhappen dippt man in ein Kreuzkümmel-Salzgemisch. Eine »diffa« im Nomadenzelt ist für Urlauber stets ein Erlebnis.

»Am besten isst man zu Hause«, behaupten die Marokkaner. Aber mit der Entwicklung des Tourismus und einer modernen Geschäftswelt erweiterte sich die Gastro-Szene und wurde international. Maurisch gestaltete **Restaurants marocains** versuchen, ein privates Ambiente zu vermitteln. In ihren Küchen wird herkömmlich, jedoch vereinfacht gekocht. Und gegessen wird mit Besteck. Am Herd stehen erfahrene Köchinnen. Landesweit finden sich die Klassiker auf der Speisekarte: Grillspießchen, »harira«, Couscous und Tajines. So schmackhaft die Speisen auch sein mögen, kulinarisch verwöhnte Fassis und Slaouis (Bewohner von Fès und Salé) nörgeln, was das Zeug hält. Denn ihre Küche gilt als unübertroffen und lässt sich im Restaurant nicht nachkochen.

Traditionelle Essen und »diffas« begleiten hausgemachte alkoholfreie Getränke: Mandelmilch, Buttermilch, frisch gepresster Orangen- und Granatapfelsaft, auch Wasser und Cola. Marokko produziert nach französischem Verfahren vortreffliche Weiß-, Rosé- und Rotweine, die meist an den Hängen bei Meknès reifen. Kenner schätzen die Sorten Beauvallon, Cabernet Médaillon, Côteaux de l'Atlas. Essenszeiten sind etwa zwischen 12 und 14.30 sowie 19.30 und 22.30 Uhr.

Empfehlenswerte Restaurants finden Sie bei den Orten im Kapitel ► **Unterwegs in Marokko.**

Preise für ein dreigängiges Menü:

€€€€ ab 400 DH	€€ ab 100 DH
€€€ ab 250 DH	€ bis 100 DH

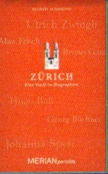

grüner
reisen

Wer zu Hause umweltbewusst lebt, möchte dies vielleicht auch im Urlaub tun. Mit unseren Empfehlungen im Kapitel grüner reisen wollen wir Ihnen helfen, Ihre »grünen« Ideale an Ihrem Urlaubsort zu verwirklichen und Menschen zu unterstützen, denen ein verantwortungsvoller Umgang mit der Natur am Herzen liegt.

Langsam findet ein Umdenken statt ...

Marokko verfügt über eine im Mittelmeerraum einzigartige biologische Vielfalt. Um diese zu erhalten, unternimmt das Königreich inzwischen deutliche Anstrengungen. So wurde etwa mit der Einrichtung eines Umwelt-Nationalrats, von Nationalparks, Natur- und Vogelschutzgebieten der Grundstein für aktiven Naturschutz gelegt. Initiativen wie Bienenzucht, organische Landwirtschaft (»produits beldi«), Vermarktung von Aroma- bzw. Medizinpflanzen oder Arganöl bieten vor allem Frauen ein nachhaltiges Einkommen.

Ehrgeizige Ziele verfolgt Marokko auf dem Gebiet der erneuerbaren Energien. Durch den Aufbau von Wind- und Solarstromanlagen will das Land Marktführer in Nordafrika werden, zeigt auch großes Interesse am gigantischen Desertec-Projekt. Bis 2020 will Marokko zwei Gigawatt erneuerbare Energie produzieren. Deutschland beteiligt sich durch technische und finanzielle Hilfe an einer nachhaltigen Energie- und Wasserwirtschaft. Ecolodges und Ökocamps mit Wasser- und Abfallmanagement sowie verstärkte Angebote von Natur- und Wanderreisen zeigen, dass der ökologische Gedanke auch im Tourismus Fuß gefasst hat.

ÜBERNACHTEN

Khaïma Hôtel ▶ S. 150, C 6

Khaïma ist die Bezeichnung für ein traditionelles Nomadenzelt. Vier solcher Zelte aus Wollstoffbahnen bilden das »Hotel« von Alain Djouad-Guiber im Nationalpark Souss Massa, eine knappe Autostunde südlich von Agadir. Der ehemalige Radrennfahrer und Journalist aus Rouen, Mitte der Neunzigerjahre Galionsfigur im Kampf gegen das Doping im Sport, hat sein Öko-Projekt in der Nachbarschaft des Fischerdörfchens Douira angesiedelt. Alains Zeltquartett verfügt über Trocken-WCs und Duschen, gebaut nach dem Hamam-Prinzip: aus Schilfrohr, Erde und Kalk. In den »Komfort«-Zelten gibt es jeweils Doppelbett und »Salon«; das »Routard«-Zelt bietet etwa zehn Strohmatten. Möbel und Dekoration stammen von lokalen Handwerkern, Strom und Heißwasser werden mit Sonnenenergie erzeugt. Gekocht wird auf der Basis von Bio-Produkten, möglichst aus der Region. Mindestaufenthalt 3 Nächte. Douar Douira, Aït Melloul • Tel. 06 61 90 24 00 • http://khaimahotelbio. com • €€

Lalla Mira ▶ S. 150, C 5

Marokkos erstes Bio-Hotel, eröffnet 2004 von einer süddeutschen Bio-Gemüsegärtnerin. Das dreigeschossige Haus im Herzen der Altstadt von Essaouira barg einst den ältesten Hamam des Küstenstädtchens. Er blickt auf eine lange Tradition als Heilbad der Gnaoua-Medizin zurück. Nach der umfangreichen Restaurierung wird er nun, als erstes Dampfbad Marokkos, mithilfe einer modernen thermischen Solaranlage erhitzt. Auch die Fußbodenheizung in den 13 Gästezimmern von Lalla Mira basiert auf Sonnenkraft. Zudem ließ Felicitas Christ einen Grauwasserkreislauf installieren. Matratzen, Bettdecken und Kissen sind mit allergikerfreundlichem Kapok gefüllt. Das Restaurant des Hauses ist nur noch abends auf Vorbestellung geöffnet; es bietet eine einfache, gesunde Küche, zubereitet mit Produkten aus der lokalen kleinbäuerlichen Landwirtschaft und frischem Atlantikfisch. Essaouira, 14, rue d'Algérie • Tel. 05 24 47 50 46 • www.lallamira.net • €€

Dar Itrane ▶ S. 151, E 5

Im urwüchsigen Hochtal der Aït-Bougmez zwischen Azilal und dem Ighil-M'Goun-Massiv steht auf 1800 m Höhe diese restaurierte Berberkasbah, Ausgangspunkt für natur- und umweltbewusste Wanderer und Trekker in den »marokkanischen Dolomiten«. Zum Komfort gehören schmackhafte Berbergerichte, Hamam und Bibliothek, ein effektives Strom- und Wassermanagement, Mülltrennung und Solarzellen. Die Betreiber unterstützen auch die Restaurierung eines Marabouts und die Einführung von Abfallverwertung. Douar Imelghas, Commune Tabant • Tel. 05 23 45 93 12 • www.originslodge.com • 17 Zimmer • €

ESSEN UND TRINKEN

La Gazelle d'Or ▶ S. 150, C 6

Rita Bennis steht an der Spitze dieses aus dem Anwesen eines belgischen Barons hervorgegangenen Luxusdomizils mit gut zwei Dutzend Pavillons auf 10 ha Garten- und Landwirtschaftsfläche vor den Toren von Taroudannt. Salat, Gemüse, Orangen etc. liegen nur wenige Minuten nach der Ernte schon auf dem Teller der Gäste. An der N 10, ca. 1,5 km nordöstl. von Taroudannt • Tel. 05 28 85 20 48, 05 28 85 20 39 • www.gazelledor.com • €€€

Earth Café   ► Klappe hinten, d 4

Vom Bauernhof je nach Saison frisch auf den Tisch, lautet das Konzept. Die Produkte kommen zum Teil von der eigenen Biofarm im ca. 15 km entfernten Haouz-Tal, zum Teil von lokalen Kleinbauern und werden zu vegetarischen sowie teils veganen Gerichten verarbeitet, bei denen sich mediterrane und asiatische Aromen treffen. Es gibt eine Saftbar, aber keinen Alkohol. Marrakech, 2, derb Zawak, Riad ez-Zitoun el-Kedim • Tel. 06 61 28 94 02 • www.earthcafemarrakech.com • tgl. ab 11 Uhr • €

EINKAUFEN

Arganöl   ► S. 150, C 6

Amal, Hoffnung: So nannten die Gründerinnen 1996 die erste Kooperative zur Produktion und Vermarktung von Arganöl, welches Berberfrauen seit alters her nicht nur kulinarisch nutzen, sondern auch für Haut und Haare. Die Arganie zählt zu den ältesten Bäumen unserer Erde. In einem Biosphärenreservat, das sich über eine Fläche von mehr als 2,5 Mio. ha von den Höhen des Atlas- und Anti-Atlas-Gebirges bis zum Atlantik zieht, steht in Marokko ein Bestand dieser alten, vom Aussterben bedrohten Baumart unter UNESCO-Schutz. Eingerichtet wurde das Reservat im Zuge eines 2003 aufgelegten EU-Projekts zur Verbesserung der Lebensbedingungen von Frauen, wie sie in der zum Targanine-Netzwerk gehörenden Kooperative »Hoffnung« in Tamanar oder in den Schwesterprojekten in Aït-Baha, Tidsi oder Tioute tätig sind. Die Frauen treten seither für eine nachhaltige Bewirtschaftung des Bestandes ein. Zwischen 40 und 250 von ihnen sind allein in diesen vier Kooperativen beschäftigt. Besucher sind willkommen und erhalten in der Regel Kostproben der verschiedenen Öle. Meistens kann man sie vor Ort auch kaufen.

Hergestellt wird das begehrte Arganöl aus dem Kern der Arganfruchtnüsse. Die harte Hülle der honigfarbenen, kaum daumennagelgroßen Nüsse knacken die Frauen der Kooperative mithilfe runder Steine. Für das anschließende Mahlen, Rösten und Pressen der winzigen »Mandeln« hat die Kooperative Maschinen angeschafft. Ein paar der traditionellen, tellergroßen und per Hand betriebenen Kernmühlen aus Stein (»Moulinex Berber« genannt) stehen aber noch im Hof.
www.targanine.com

Ifassen   ► S. 153, F 10

Frauen aus der Region Berkane fertigen für das 2010 gegründete Label Ifassen aus alten, inzwischen nicht mehr hergestellten und aus dem Handel gezogenen schwarzen Plastiktüten formstabile Einkaufstaschen und Portemonnaies. Die benutzten Tüten werden von der Frauenkooperative (die auch Alphabetisierungskurse anbietet) in Heimarbeit gewaschen, getrocknet, in Streifen geschnitten und in traditioneller Technik mit Alfagrasfasern verwoben sowie mit farbigem Stoff aufgepeppt.
www.ifassen.com (Preisanfragen und Kauf nur über die Website)

AKTIVITÄTEN

Les Jardins bioaromatiques de l'Ourika   ► S. 152, A 12

In der Anlage werden ca. 50 Aromapflanzen zur Herstellung von Ölen, Essenzen und Kosmetika angebaut – darunter Lavendel, Bergminze, Zitronenthymian und verschiedene Salbeiarten. Die Gärten können individuell oder im Rahmen von Führungen besucht werden. Die schönste Zeit dafür ist natürlich in den Blütemonaten zwi-

Frauen der Kooperative in Aït-Baha (▶ S. 20) bei der Ernte der Früchte des Arganbaums. Die Früchte werden per Hand vom Boden aufgelesen.

schen März und Juli. Besucher können auch Fußbäder und verschiedene Kurse (Brotbacken, Berberküche, Henna, Argan) buchen.
Tnine-de-l'Ourika, am Beginn des Ourika-Tals; bei der Polizeistation links einbiegen, bis zu einem grünen Tor (ca. 600 m) • Tel. 05 24 48 44 47 • www.jardin-bioaromatique-ourika. com • tgl. 9–12.30, 14–18, März–Okt. 9–12.30, 15–19 Uhr • Eintritt 20 DH, Führung (45 Min.) 70 DH

Koch-Atelier Lalla Nezha
▶ S. 151, D 5

Im Herzen eines Berberdorfs in der Nähe von Marrakech (an der Straße nach Ourika) bietet Nezha Ahouide in ihrem privaten Haus marokkanische Kochkurse an. Zubereitet werden u. a. ein Tajine, Auberginensalat und ein Dessert; gemeinsam wird dann das Zubereitete gegessen. Auch der gemeinsame Marktbesuch zählt zum Programm. Treffpunkt vor dem Café de France an der Jemaa el-Fna • Mobil 06 79 46 79 04 • E-Mail: lesatelierslallafatima @gmail.com • ab 2 Personen (400 DH/ Pers.)

Maultierwanderungen in Imilchil
▶ S. 151, F 5

Die für ihren Moussem mit Kollektivhochzeiten bekannte Gemeinde Imilchil setzt verstärkt auf nachhaltigen Tourismus. Es werden beispielsweise Maultierwanderungen sowie Moutainbike- und Wandertouren organisiert. In Imilchil eröffnen fast 60 Familien die Möglichkeit, mit oder bei ihnen zu wohnen. In der Regel handelt es sich um ein großes Mehrbettzimmer für drei bis acht Personen.
www.imilchil.adrar.org

Einkaufen
Wolle und Leder, Holz und Rohr, Kupfer und Messing – vielfältig ist der Werkstoff für das Kunstgewerbe. Geschickte Handwerker fertigen daraus Nützliches wie Dekoratives.

◄ Babuschenmacher auf Agadirs Souk (▸ S. 113). Das traditionelle Handwerk wird in Marokko vom Staat gefördert.

MERIAN-Tipp

KUNSTHANDWERKSKOMPLEXE

Wer in aller Ruhe kunsthandwerk-liche Souvenirs kaufen oder sich lediglich über die Preise informie-ren will, der sollte ein staatliches **Ensemble Artisanal** aufsuchen. Dort ist eine authentische Quali-tätsware ausgestellt, die budget-freundlich kalkuliert und mit Fest-preisen ausgezeichnet ist. In den Werkstätten kann man außerdem den Kunsthandwerkern zuschau-en. Auf Wunsch werden die ge-kauften Souvenirs verlässlich an die Heimatadresse geschickt. Im Allgemeinen tgl. 9.30–13 und 14.30–19 Uhr, an religiö-sen Feiertagen geschl.

»Maroquin«, »Maroquinerie« – das sind allbekannte Begriffe. Und wer hätte noch nie von Berberteppichen gehört? Teppiche sind die kunstge-werblichen »Botschafter« Marokkos. Das kunsthandwerkliche Schaffen zeigt sich in Marokko von erstaunli-cher Vielfalt, jeder Bummel durch die Souks mit ihren überquellenden Läden beweist das. Und junge Desig-ner sorgen inzwischen für die Neu-interpretation althergebrachter Kunst. Handgeknüpfte Teppiche werden in drei Arten angeboten: Es gibt den traditionellen urbanen Orientteppich aus Rabat/Salé/Médiouna, den bäu-erlichen, geometrisch gemusterten Berberteppich aus dem Mittleren und Hohen Atlas und den 2007 neu auf dem Markt vorgestellten modernen Designerteppich (»Tisli«). Stets von Frauen geknüpft, tragen die schafwollenen Berberteppiche die Namen der Stämme, die sie her-stellen. Offiziell geprüfte Teppiche sind auf der Rückseite mit einem Güteetikett versehen.

Lampen und Teetischchen

An Lederwaren, vergoldet, bestickt oder gepunzt, lassen sich leicht Babu-schen, Buchhüllen, Geldbörsen, Ta-schen, Schreibgarnituren und Sitz-kissen mit nach Hause nehmen. Entzückende Teetischchen, aber auch viele Deko-Objekte aller Art fertigen die Kunsttischler an. Rohstoff ist Thuja- und Zedernholz, verziert mit Intarsien aus Zitronen- oder Eben-holz, sowie Perlmutt. Bei Kupfer- und Messingprodukten sind durchbro-chene Lampen und ziselierte Platten typisch. Für Keramik- und Tonwa-ren sind vor allem Fès, Marrakech, Safi und Salé führend, Meknès steht für Damaszierarbeiten.

Mit Gold schmückt sich die Arabe-rin, die Berberin mit Silber. Ziselierte Gürtel aus 18-karätigem Gold, Reife, Diademe und Spangen gehören zum Brautgeschmeide. Silberfibeln halten die Gewänder der Berberin. Münzen-und pailettenbehangene Stirnbänder, Hals- und Ohrgehänge, emaillierte und nielierte, gezackte und gekerbte Armreife bilden den Zierrat.

Handeln gehört beim Einkauf im Souk und auf den Märkten immer dazu – ausgenommen sind aller-dings Lebensmittel und andere Din-ge des alltäglichen Bedarfs.

Empfehlenswerte Geschäfte und Märkte finden Sie bei den Orten im Kapitel ▸ **Unterwegs in Marokko.**

Feste und Events
Moussems für das im Brauchtum verhaftete Volk, Weltmusik für die aufgeschlossene Jugend. Und nicht zu vergessen: die fröhlichen Huldigungen an Früchte und die Damaszener-Rose.

◄ Moussem zu Ehren des Moulay Abdal-lah (▶ S. 25). Die traditionellen Reiter-shows ziehen viele Besucher an.

JANUAR/FEBRUAR
Moussem des Cierges, Salé
▶ MERIAN-Tipp, S. 70

MAI
Fête des roses, El-Kelaâ M'Gouna 👤👤
Die Rosenkönigin im Rosenkorso; ro-sengeschmückte, tanzende Mädchen.
3 Tage Anfang Mai

JUNI
Festival des musiques sacrées du monde, Fès
Chöre, Orchester und Solisten aus al-ler Welt führen geistliche Musik auf.
7 Tage ab dem 1. Juniwochenende • www.fesfestival.com

Fête des cerises, Sefrou 👤👤
Kirschenfest mit Wahl der Kirschen-königin und Korso.
Mehrere Tage

Festival Gnaoua, Essaouira
Die Gnaoua zeigen ihre Kulttänze und fusionieren mit Weltmusik.
5 Tage • www.festival-gnaoua.net

JULI
Festival national des arts populaires, Marrakech
Seit 2005 zählt dieses folkloristische Fest zum Kulturgut der Welt.
8 Tage • Oliveraie und Palais El-Badi • www.marrakechfestival.com

Moussem de Moulay Abdallah
Patronatsfest. Tänze der Doukkala-Stämme und ein immenses Aufgebot an Reitern und Reiterinnen für Ma-rokkos größte Fantasia.

7 Tage Mitte/Ende Juli • www.moulay abdellah.net

Moussem Culturel International, Asilah
Anspruchsvolle Kulturwochen mit Konzerten, Theateraufführungen und Ausstellungen.
3 Wochen Ende Juli–Mitte August

AUGUST
Festival de musique des cimes, Imilchil
Dieses legendäre Jahresfest ist als »Verlobungs-Moussem« (oder »Hei-ratsmarkt«) weit über die Landes-grenzen hinaus bekannt.
3 Tage Ende August/Anfang September

OKTOBER
Salon International des Dattes, Erfoud 👤👤
Dattelfest im Tafilalet mit Wahl der Dattelkönigin, Ausstellung und Ver-kauf der Dattelsorten, Kamelrennen.
4 Tage • http://salon-datte.com

Salon du Cheval, El-Jadida
Für Hippophile: großer Auftritt der schönsten Araber-Berber-Pferde.
http://salonducheval.ma

MERIAN-Tipp 3

FESTIVAL MAWAZINE, RABAT
▶ S. 152, B 10
»Rhythmen der Welt« trägt dieses Musikereignis als Untertitel. Einige Konzerte finden unter freiem Him-mel statt (z. B. am Strand von Salé) und sind gratis. Auch auf vier gro-ßen Straßen gibt es ein Programm.
Letzte Woche im Mai • www.festivalmawazine.ma

Sport und Strände
Bergwandern, Wüstentrekking mit Kamelen und natürlich Wassersport liegen im Trend. Für Golfer ist Marokko ein wahres Dorado; Ballonfahrern und Sandboardern bieten sich interessante Perspektiven.

◄ Sein breit gefächertes Angebot zieht Sporturlauber nach Agadir (► S. 113). Auch Paragliding ist sehr beliebt.

Angeln in Flüssen, Seen und im Meer, Ballonfahren, Golfen, Jagen, Klettern, Paragliding, Rafting, Reiten, Sandboarding, Skilaufen, Surfen, Tennis. Das alles ist möglich. An der Spitze sportlicher Betätigung stehen jedoch bei Aktivurlaubern seit Langem Bergwandern und Kameltrekking.

Unterkünfte der oberen Preisklassen offerieren Tennisplatz, einen beheizten Swimmingpool, Reitpferde, im Süden Reitkamele. Anlagen am Meer bieten abgegrenzte Strandflächen mit Sonnenschirmen, Liegen und alle gängigen Wassersportaktivitäten.

Generell gilt für alle Atlantikstrände: Hohe Windstärken, ein harter Wellengang und ausgeprägter Gezeitenwechsel machen das Schwimmen im Ozean gefährlich! Bei Einsetzen der Ebbe ist die Sogwirkung gewaltig. Und Jahr für Jahr geraten auch geübte Schwimmer immer wieder in lebensgefährliche Situationen. Aus diesem Grund werden die populären Strände parallel zu den Atlantikstädten regelmäßig im Juli und August durch die Protection civile bewacht.

BERGWANDERN

In Marokkos großartigen Gebirgslandschaften verbergen sich urige Lehmdörfer von fremdartiger Faszination. Allerdings ist individuelles Wandern ohne Führung nicht ratsam. Es mangelt an gesäuberten, ausgeschilderten Wegen, und Gebirgsbäche, Nebel und Sturzregen bergen ungeahnte Gefahren.

Besser ist, man wandert in der Gruppe und ist so alle organisatorischen Sorgen los. Erfahrene deutsche wie auch marokkanische Veranstalter (z. B. **Morocco Outdoor**, 92, Hay El batimat, Afourer, Tel. 06 66 87 12 54, www.morocco-outdoor.com oder **Le Maroc Vert**, 204, Hamza I, Mhamid, Marrakech, Tel. 06 62 77 81 48, www.ecotours-ma.com) führen Bergwanderungen für Kleingruppen durch. Übernachtet wird bei gastfreundlichen Einheimischen oder im Camp, und geduldige Mulis transportieren das mitgeführte Gepäck.

Alternativ kann man sich auch vor Ort einen zertifizierten Bergführer nehmen (mit offiziellem Ausweis und persönlichem Foto; der vom Tourismusministerium 2008 festgelegte Tagessatz beträgt 200 DH plus Spesen; üblich ist ca. das Doppelte). Seit 1992 haben sich Marokkos diplomierte Berg- und Wüstenführer in der **Association Nationale des Guides et Accompagnateurs en Montagne du Maroc** (ANGAMM) zusammengeschlossen (Tel. 05 24 44 49 79).

FUSSBALL

»Balak-balak!« Wie? Brüllt da ein Fan ohne Unterlass den Namen des deutschen Topkickers in die Gegend? Nein, der »Balak-balak«-Rufer ist kein fanatischer Fußballfan. »Balak« heißt schlicht und ergreifend Achtung. Und mit diesem Ruf verschafft sich der Treiber hoch bepackter Esel oder ein Karrenzieher mit sperriger Last in engen Médina-Gassen energisch seinen Weg im Gewühl. Wenn es aber im Gespräch um die »Mannschaft« geht, eine allbekannte Vokabel im fußballbegeisterten Marokko, dann wird der Ex-Meister des runden Leders, Michael Ballack, als Erster genannt. »Balak gutt!« rufen die Kinder. Vielleicht auch deshalb, weil sich der Name so leicht memorieren lässt.

GOLF

Golfprofis rühmen die Plätze in Agadir, Ben-Slimane, Bouznika Bay, Cabo Negro, Casablanca-Anfa, Ouarzazate, El-Jadida, Marrakech, Meknès, Mohammedia und Tanger. Weitere sind im Bau. Marokko hat eine lange Golftradition. Zur Weltspitze zählt **Royal Golf Dar es-Salam** bei Rabat mit internationalen Wettkämpfen (www.royalgolfdaressalam.com).

KAMELTREKKING

Für viele Europäer ist Wüstenfeeling auf Kamelen ein großes Abenteuer. Seit Jahren stellen sich ehemalige Nomaden, die jedes Sandkorn in ihrem Wüstengebiet kennen, mit ihren Dromedaren in den Dienst des Fremdenverkehrs. Klassische Startplätze sind die Oasenorte **Zagora** und **Mhamid**. Es gibt zwei Möglichkeiten: Man wendet sich an deutsche Trekkingveranstalter oder man arrangiert sich mit den einheimischen Trekkingagenturen vor Ort. Bewährte Adresse: **Agence Reima Voyages-Croq'Nature** (Familie Azizi) in Zagora (Av. Mohammed V, Tel. 05 24 84 70 61, Mobil 06 61 34 83 88) oder in Ouarzazate (Rue d'Agadir, Mobil 06 67 69 06 02, www.croqnature.com).

SANDBOARDING

Das marokkanische Mekka für Sandsurfer ist der **Erg Chebbi** bei Erfoud/Rissani. Die Herbergen am Fuß der Grande Dune vermieten Boards.

SURFEN

Wilde Wellenberge locken erfahrene Surffreaks an Marokkos aufgewühltem Atlantiksaum. Angesagte Treffs sind z. B. Ad-Dakhla, Agadir, Dar-Bouâzza (19 km südwestl. von Aïn Diab/Casablanca), Essaouira, Oualidia, Sidi Bouzid (südwestl. von El-Jadida), Taghazoute (18 km nördl. von Agadir).

STRÄNDE

ATLANTIKSTRÄNDE

Ad-Dakhla   ▶ S. 148, A 4

Die gesamte Halbinsel ist von Sandstränden umzogen. Ein spektakuläres, grobsandiges, breites Band erstreckt sich am Cap Sarga, dem Südwestende der Nehrung, 7 km von der Stadt.

Agadir 🏊🏊   ▶ S. 150, C 6

8 km langer Sandstrand parallel zur Stadt. Internationaler Badebetrieb.

Asilah   ▶ S. 152, C 9

Mehrere Sandstrände mit Campingplätzen. Beliebt bei Einheimischen.

Casablanca 🏊🏊   ▶ S. 152, B 11

Strandzone von Aïn Diab mit den Strandbädern **Miami Beach**, **Kon Tiki Beach** und **Tahiti Beach**.

El-Jadida   ▶ S. 152, A 11

Langer, populärer Sandstrand parallel zur Stadt. Bewacht.

Essaouira   ▶ S. 150, C 5

6 km langer Sandstrand. Sehr windig mit starken Küstennebeln. Bei Flut überschwemmt, bei Ebbe weicht das Meer bis 100 m zurück. Bewacht.

Ifni   ▶ S. 150, B 7

Einheimische der Gegend und Individualisten besuchen die Sandstrände von Ifni mit Marabout Sidi Ifni.

Laâyoune   ▶ S. 148, C 1

Corniche Foum-el-Oued. 11 km langer Sandstrand mit Hotel, Cafés, Restaurants und Ferienhäusern. Im Sommer relativ voll. Bewacht.

25 km südwestl. von Laâyoune

Lixus bei Larache   ▶ S. 152, C 10

Feinsandig; ein Ferienresort wächst hier heran.

Oualidia   ▶ S. 150, C 5

Durch Riffe geschützter Lagunenstrand aus feinem Sand.

Rabat   ▶ S. 152, B 10

Die **Plage des Nations** ist bevorzugter Badeplatz gut situierter Rabatis (22 km nördöstl.), **Témara-Plage** beherbergt Ferienhäuser der Rabater Ober- und Mittelschicht (16 km südwestl.), und an der **Skhirate-Plage** (29 km südwestl.) steht der königliche Sommerpalast.

Sidi-Bouzid   ▶ S. 152, A 11

Feinsandiger Strand mit gleichnamigem Marabout und dem guten Fischrestaurant **Requin Bleu**.
5 km südwestl. von El-Jadida

MITTELMEERSTRÄNDE

Al-Hoceima 🏋   ▶ S. 153, E 10

Hausstrand ist der Quemado-Sandstrand in der Felsbucht zu Füßen der Stadt, auch bei Tauchern beliebt.

Saïdia   ▶ S. 153, F 10

12 km langer Sandstrand mit neuen internationalen Beach-Resorts.

Tanger   ▶ S. 152, C 9

11 km langer Sandstrand bis zum Cap Malabata mit Cafés, Restaurants und Hotelanlagen. Oft ist es sehr windig. Bewacht.

Bei Tétouan 🏋   ▶ S. 152, C 9

An der »Azur-Küste« zwischen Martil und dem Grenzort Fnideq (24 km) liegen Urlauberresorts, eine Marina und viele Privatvillen. **M'Diq** (13 km) hat einen Fischerhafen, **Cabo Negro** (15 km) ist am exklusivsten.

Einige Anbieter haben Wanderungen durch die faszinierende Gebirgswelt des Hohen Atlas im Programm (▶ S. 27). Komfortabel: Lastentiere tragen dabei das Gepäck.

Familientipps
Kameltouren sind der Hit. Aber auch die vielen Feste und bunten Märkte ziehen die Kleinen in Bann. Zudem entstehen immer mehr Freizeit-, Fun- und Wasserparks. In Rabat gibt es bald einen neuen Zoo.

◄ Abenteuerliche Campingausflüge in die Sahara sind etwas für kleine Wüstensöhne und -töchter.

Ciel d'Afrique ► Klappe hinten, b 3

Eine Ballonfahrt ist ein unvergessliches Erlebnis für Groß und Klein. Schon im Morgengrauen geht es los, etwa eine Stunde dauern Anfahrt sowie die Zeit am Himmel. Marrakech-Guéliz, 15, rue de Mauritanie • Tel. 05 24 43 28 43 • www.cieldafrique.info • Preis ca. 200 €, Kinder bis 10 Jahre 100 €

Jardin Zoologique de Rabat
► S. 65, südwestl. a 4

2012 neu eröffnet: der Zoo vor den Toren der marokkanischen Hauptstadt. Atlaslöwe, Magot-Affen, Mufflons, Giraffen, Nashörner und mehr als 100 weitere Tierarten leben hier unter naturnahen Bedingungen. Auch ein Lehrbauernhof liegt auf dem 50 ha großen Gelände. Rabat, Av. Hassan II, Annexe 23ème (Ceinture verte), Cité Yaacoub el-Mansour (Autobus Nr. 7,18, 40, 45) • Tel. 05 37 29 38 94 • www.rabatzoo.ma • April–Sept. tgl. 10–20, sonst bis 18 Uhr • Eintritt 50 DH, Kinder 30 DH

Leihbuggy und Bollerwagen
► S. 150, C 6

Für einen Familienurlaub in Agadir braucht man den strandtauglichen Buggy oder Kinderwagen nicht ins Flugzeug oder Auto zu packen: Beide können einfach vor Ort gemietet werden. Gleiches gilt für Bollerwagen oder Kinder-Reisebetten. Über eine deutsche Agentur werden die gewünschten Utensilien online bestellt und an die Urlaubsunterkunft geliefert und dort auch wieder abgeholt. www.silviasbuggyservice.de

Mazagan Beach Resort
► S. 152, A 11

Familien mit Kindern, Aktiv- und Wellness-Urlauber – für sie alle ist in der maurisch gestylten Anlage bestens gesorgt. Im Baby-Club betreuen Fachkräfte Babys ab drei Monaten. Im Kids-Club haben 4- bis 12-Jährige beim Kochen, Theater- und Videospielen ihren Spaß. Der Rush-Club bietet 13- bis 17-Jährigen u. a. einen eigenen Nachtclub (ohne Eltern!). El-Haouzia, Strandzone Azemmour • Tel. 05 23 38 80 00 • www.mazaganbeachresort.com • 500 Zimmer • €€€

Oasiria ► S. 151, D 6

Aquapark in einem ca. 10 ha großen Grüngelände mit Piratenschiff, Wasserrutschbahnen (bis zu 17 m hoch), künstlichen Flüsschen, auf denen man sich in großen Reifen treiben lässt, und verschiedenen Pools. Route d'Amizmiz • Tel. 05 24 38 04 38 • www.oasiria.com, tgl. 10–18 Uhr • Eintritt 210 DH, Kinder (bis 150 cm) 130 DH, halber Tag (ab 14 Uhr) 170 DH bzw. 100 DH

Terres d'Amanar ► S. 151, D 5

Nachhaltiger Tourismus mit speziellen Angeboten für Kinder ab 4 Jahren. Die Palette dieses Freizeitparks reicht von der Schatzsuche über Trampolinspringen und bis hin zu Eseltouren. Tahanaoute (2 km hinter dem Ort Piste nach links für ca. 3 km), Bus Nr. 35 von Jardins de la Koutoubia in Marrakech bis Tahanaoute (ca. 45 Min.) • Tel. 05 24 43 81 03 • http://terresdamanar.com 37 km südl. von Marrakech

🧍 Weitere Familientipps sind durch dieses Symbol gekennzeichnet.

Versteckt zwischen Zweitausendern zieht
sich Chefchaouen (▶ S. 39) den Hang
hinauf. Mit ihren verwinkelten Gassen
bezaubert die »Blaue Perle im Rif«.

Unterwegs
in Marokko

Ob am Mittelmeer, am Atlantik oder im Gebirge, ob auf den Hochplateaus oder in der Sahara, jede Stadt und jede Region hat ihre unverwechselbare Eigenart.

Mittelmeerküste und Rif Das Tor

zu Afrika aufstoßen an der Straße von Gibraltar, maurisch-andalusische Médinas entdecken, baden und Wassersport betreiben im Mittelmeer am Fuß des Rif-Gebirges.

◄ Von der Dachterrasse des Restaurants Nord Pinus (▸ S. 38) genießt man einen grandiosen Rundumblick auf Tanger.

Wer sich Marokko mit dem Schiff von Spanien, Frankreich oder Italien her nähert, dem wird beim Anlanden schnell klar: Hier reichen sich Europa und Afrika die Hand, hier schäumen die Wogen von Mittelmeer und Atlantik ineinander. **Tanger** ist das Tor nach Nordafrika – poetischer gesagt: die weiße Taube auf der Schulter des Schwarzen Kontinents. Sobald der Besucher vom Fährschiff an Land geht, sobald er die hochmodernen Terminals des neuen Großhafens Tanger Méd(iterranné) 7 km nordöstlich von Ksar es-Seghir hinter sich lässt und sich dem Zentrum der uralten Handels- und Hafenstadt nähert, umgibt ihn eine fremdartige Welt.

Reist er dann ostwärts durch das raue **Rifgebirge** mit seinen Kork-, Steineichen- und Zedernwäldern, so lernt er ein Marokko kennen, das kaum dem Klischee entspricht. Bisher war die Rifregion mit ihren schönen Gebirgslandschaften und den Mittelmeerstränden erst an wenigen Stellen touristisch erschlossen. Mit der fast fertiggestellten Rocade méditerranéenne (Küstenstraße) und der neuen, 2011 in Betrieb genommenen Autobahn Fès–Oujda wurden jedoch die Weichen für eine Aufwertung des Fremdenverkehrs in dieser nördlichsten Region Marokkos gestellt.

Tanger ▸ S. 152, C 9

715 000 Einwohner
Stadtplan ▸ S. 37

Golden schwingt sich der Sandstrand um die breite Baie de Tanger. Und die weiße Médina stuft sich labyrinthisch den Hang hinauf. Weit geöffnet, nach Europa hin, präsentiert sich die Kapitale der Region Tanger–Tétouan, Marokkos fünftgrößte Stadt, nur 30 km von Spanien entfernt.

Thriller und Filmemacher verschafften der Meerengenstadt einen üblen Ruf. Während der 33 Jahre ihres Sonderstatus (1923–1956) wurde sie von Franzosen, Spaniern und Briten gemeinsam verwaltet, der Hafen war zollfrei. Als internationale Zone zog sie die Hochfinanz, Schmuggler und Spione, Exzentriker, Künstler und Literaten in ihren Bann.

Schon Generationen zuvor faszinierte die Stadt an den zwei Meeren berühmte Maler. Eugène Delacroix war 1832 von ihren Farben und Formen geradezu berauscht. Und 1912/1913 fing Henri Matisse das flirrende Licht der Stadt in seinen Bildern ein. Zeitgenössische Autoren, wie Paul Bowles, Tahar Ben Jelloun und der heftig umstrittene Mohamed Choukri, der hier als Straßenkind lebte, ließen sich zu bekannten Werken inspirieren.

Auch Stones-Gitarrist Brian Jones war zu Gast in Tanger (im Café Detroit), und Woolworth-Erbin Barbara Hutton feierte rauschende Feste in ihrem Palais Sidi Hosni in der Médina. Heute belegt Tanger im marokkanischen Fremdenverkehr bereits den vierten Platz nach Marrakech, Agadir und Casablanca. Kräftig bemüht sich die Stadt, an die glanzvollen Zeiten von einst anzuknüpfen und auch der Zukunft Tribut zu zollen. Bahnhof, Schwerlast- und der Fährverkehr (Ausnahme Tanger–Tarifa) wurden aus dem Neustadtzentrum verbannt. Der alte Stadthafen wird bis 2016 in die größte Marina Afrikas umgewandelt und erhält neue Anlagen für Kreuzfahrtschiffe und die Fischerei. Gleichzeitig wird die gesamte Umgebung umgestaltet.

Entlang der Avenue Mohammed IV entstehen parallel zum Ufer hochpreisige Hotels, ein Kongresspalast und ein Museum. Sogar eine Seilbahn hinauf zur Kasbah ist geplant. Nicht zuletzt tragen das Tanger City Center mit seinen schicken Hotels, Appartements und Büroräumen sowie die erste Shopping-Mall Nordmarokkos dazu bei, der Skyline der »Perle der Meerenge« eine neue Charakteristik zu verleihen. Mit dem großen, 2007 in Betrieb genommenen Container- und Passagierhafen Tanger-Med, 52 km nordöstlich, sind Stadt und Umland auch ein rapide expandierender Industriestandort.

SEHENSWERTES

Kasbah ▸ S. 37, a/b 1

Auf dem höchsten Punkt der Médina, 90 m über dem Kliff, umschließt ein separater Mauergürtel die Kasbah mit dem mächtigen **Dar el-Makhzen**. Ein oktogonales, vielfarbig gefliestes Minarett überragt die Palastmoschee. Im ismaïlischen Stil erbaut, diente der Gebäudekomplex im 18. und 19. Jh. als Paschapalast mit Gerichtshof und Gefängnis und beherbergt seit 1922 ein Museum. Am **Bab el-Assa** wurde die Prügelstrafe vollstreckt. Auf der Terrasse hinter dem **Bab er-Raha** bietet sich ein schöner Blick auf den Wasserarm zwischen Europa und Afrika.

Mit Matisse in Tanger

Am »Tor zur Kasbah« (Bab el-Kasbah) stimmt fast noch alles: die Architektur, die Farben, die Perspektive. Gleiches gilt für »Le Marabout« in der Rue Ibn Abbou und »Le Palais du Sultan« (Dar el-Makhzen) mit dem bunten oktogonalen Minarett der Palastmoschee. Sechs Stationen umfasst der im Straßenpflaster markierte Parcours auf den Spuren des Malers Henri Matisse von der Kasbah zum ehemaligen Grand Socco.

Souk ad-Dakhel (Innen-Souk) ▸ S. 37, b 2

Das franko-spanische Mischwort für den Platz, **Petit Socco**, kennen die jungen Tangérois nicht mehr. Während des Sonderstatus' der Stadt waren die Lokale an dem berüchtigten kleinen Platz im Herzen der Médina der große Schmugglertreff, heute sitzen Urlauber an den Tischen der Straßencafés. An Markttagen (Do, So) bieten im und um den Souk auch Rif-Bäuerinnen ihre Waren an (z. B. kunstvoll in Blätter verpackte Ziegenkäse). Die Frauen tragen große Raphiabasthüte.

MUSEEN

Musée de la Kasbah ▸ S. 37, a/b 1

Volkskunst und Altertümer im **Dar el-Makhzen**. Die zum Innenhof (Marmorsäulen mit Kompositkapitellen) geöffneten Stucksäle zeigen Knüpfteppiche, Berberschmuck, Töpferwaren, Holzschnitzereien, Musikinstrumente und arabische Kalligrafien. Im Obergeschoss sind vorislamische Funde, insbesondere Abgüsse der hellenistischen Bronzen aus Volubilis,

zu sehen. In den fünf schweren Zedernholztruhen im **Bit el-Mal** verwahrte der Sultan einst seinen Schatz.
Rue de la Kasbah • Sa–Mo, Mi, Do, 9–16.30, Fr 12–13.15 Uhr • Eintritt 10 DH, Kinder 3 DH

SPAZIERGANG

Stadtplan ▶ S. 37

An lauen Sommerabenden flaniert »ganz Tanger« auf dem **Boulevard Pasteur**, der ältesten Straße Neu-Tangers, eingeweiht 1925 und noch heute die führende Geschäftslage der Stadt. Ein interessanter Aussichtspunkt: La Terrasse des Paresseux.

Durch die weite Lücke der »Faulenzerterrasse« grüßen aus Europa die spanische Hafenstadt Tarifa und die Punta Marroqui, das Südkap Spaniens, herüber. Abends zwinkern sich die Lichter der beiden Meerengenanrainer zu. Der kurze Boulevard-Bummel endet einige Schritte weiter an der **Place Mohammed V** (ehemals Place de France) im Grand Café de Paris von 1920, dem ältesten Café der Neustadt. In dem einstigen Literatentreff wurde auch eine Szene des Filmhits »Casablanca« von Michael Curtiz (1942) gedreht.
Dauer: 10 Min.

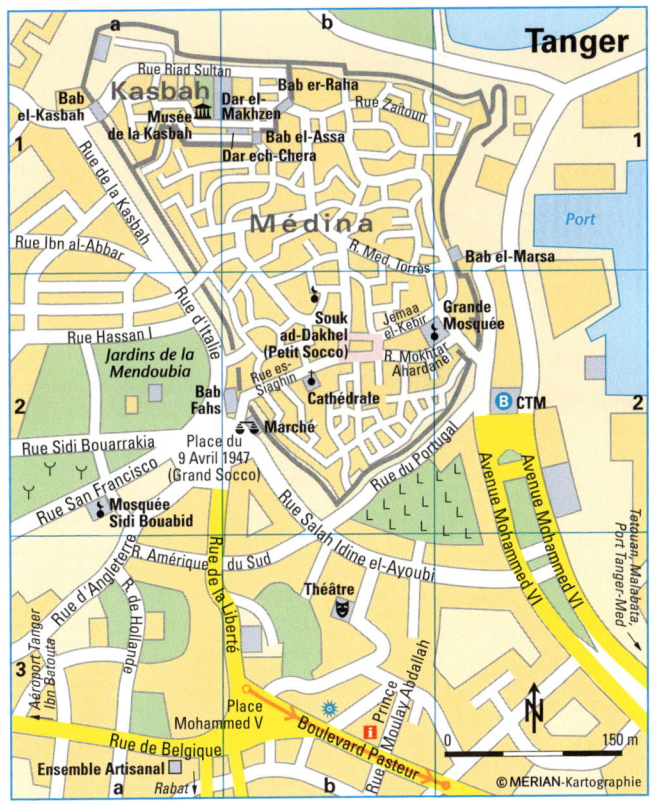

ÜBERNACHTEN

El Minzah ▸ S. 37, b 3

Traditionsreich • Nobles, kultiviertes Haus mit distinguierter Klientel und maurischem Flair. Subtropischer Garten mit Pool und Blick auf die Straße von Gibraltar. Exzellentes marokkanisches Restaurant (El Korsan).
85, rue de la Liberté • Tel. 05 39 93 58 85 • www.elminzah.com • 140 Zimmer • €€€

Vom Leuchtturm am Cap Spartel (▸ S. 39) hat man einen guten Blick auf Spanien.

Dar Sultan ▸ S. 37, a 1

Kasbah-Gästehaus • Stilvolles, sorgsam restauriertes Domizil mit farbenfrohem arabo-maurischen Flair in uralten Gemäuern hoch über der Altstadt. Persönlicher Service, Dachterrassen mit viel Grün, tollem Ausblick und Caid-Zelt.
49, rue Touila • Tel. 05 39 33 60 61 • www.darsultan.com • 7 Zimmer • €€

ESSEN UND TRINKEN

Nord Pinus ▸ S. 37, a 1

Regional-elegant • Frischer Fisch, Gemüse aus dem Rifgebirge, Tajine-Varianten – alles raffiniert zubereitet und serviert im prunkvollen Salon (oder auf der Dachterrasse mit schattiger Pergola) des zum Riad-Hotel umgewandelten herrschaftlichen Paschasitzes aus dem 18. Jh.
11, Riad Sultan • Tel. 06 61 22 81 40 • www.nord-pinus-tanger.com • €€€

Darna ▸ S. 37, a 2

Mittagstisch eines Frauenvereins • Gesunde traditionelle Landeskost, serviert auch unter dem Feigenbaum im Patio des Restaurants de la Maison communautaire des Femmes Darna.
Rue Jules Cot, südl. der Pl. du 9 Avril 1947, Eingang über die Treppe an der Pl. de la Liberté • Tel. 05 39 94 70 65 • Sa, So geschl. • €

Café Hafa ▸ S. 37, nordwestl. a 1

Legendär • Eine Institution, versteckt am Steilhang. Paul Bowles, Truman Capote, William Burroughs tranken hier ihren »thé à la menthe«. Von den Terrassen schweift der Blick hinüber nach Andalusien.
Marshan-Viertel, Rue Hafa (nähe Stadion) • €

EINKAUFEN

Ensemble Artisanal ▸ S. 37, a 3

Rue de Belgique/Ras Msallah

AM ABEND

El Morocco Club ▸ S. 37, a 1

Neues Restaurant mit Piano-Bar im Herzen der Kasbah. Bezauberndes Ambiente zwischen Bauhaus, Orient und Zen. Gemischtes Publikum.
Place Tabor • Tel. 05 39 94 81 39 • Di–So 12–23 Uhr

SERVICE

AUSKUNFT
Délégation du Tourisme ▸ S. 37, b 3
29, bd. Pasteur • Tel. 05 39 94 80 50

VERKEHR
Bahnhof
Gare ferroviaire ▸ S. 37, südöstl. c 3

Tanger-Ville, 2 km Av. Mohammed VI

Fernbusterminal
Gare routière CTM ▸ S. 37, c 2

Av. Ludwig van Beethoven •
Tel. 05 39 94 66 82

Fähren nach Südeuropa
Ticketverkauf im Hafen Tanger-Med
oder in Reisebüros

Flughafen
Aéroport Tanger Ibn Batouta
▸ S. 37, westl. a 3
15 km südwestl. • Tel. 05 39 39 95 00

Ziele in der Umgebung

◎ **Cap Malabata** ▸ S. 152, C 9

Nordostkap der Baie de Tanger mit
Leuchtturm. Im Blickfeld die Straße
von Gibraltar, durch die täglich etwa
250 Schiffe ziehen.
11 km nordöstl. von Tanger

◎ **Cap Spartel** ▸ S. 152, C 9

Nordwestkap Afrikas am Zusammen-
fluss von Mittelmeer und Atlantik mit
wichtigem Leuchtturm. 4 km südlich
liegen die **Grottes d'Hercule**, Kalk-
steinhöhlen am Felsenufer mit Spuren prähistorischer Bewohner. Bis in
die Neuzeit wurden aus den Kalkwän-
den Mühlsteine geschnitten. 500 m
südlich die Reste der Römersiedlung
Cotta: Im 2. und 3. Jh. bezogen die
Römer von den dortigen »Sälzern« die
Feinschmecker-Fischpaste »garum«.
14 km westl. von Tanger

◎ **Ceuta (arab. Sebta)**
▸ S. 153, D 9
84 000 Einwohner

Von Phöniziern gegründet, dann von
Karthagern, Römern, Arabern und
1415 von Portugiesen besetzt, ist die
19,48 qkm kleine Halbinsel seit 1580
eine Exklave Spaniens, daher das an-
dalusisch anmutende Stadtbild. Fähr-
und Freihafen, die vielen Hotels,
Restaurants und Bars, die Allgegen-
wart spanischer Militärs und der Polizei, Schmuggler und Drogendealer
sorgen für viel Betrieb. Das Zentrum
markiert La Plaza de Africa mit der
imposanten **Kathedrale**. Zwischen
den ibero-berberischen Bewohnern
kommt es nur allzu oft zu Spannun-
gen. Beide Exklaven Spaniens, Ceuta
und Melilla, werden von Marokko
beansprucht. Vom Hausberg **Monte
Hacho** (181 m) im Nordosten, der
afrikanischen Säule des Herakles,
blickt man bis zum Gibraltarfelsen.
Hier gilt übrigens die MEZ!
68 km nordöstl. von Tanger

◎ **Chefchaouen** 🔲**1** ▸ S. 153, D 10
50 000 Einwohner

Hauptstadt der gleichnamigen Provinz der Wilaya Tétouan im Westrif
und gewiss das schönste Gebirgs-
städtchen des gesamten Landes. Die
arabo-andalusische Architektur geht
auf die Reconquista-Flüchtlinge aus
Al-Andalus zurück, die sich im 15. Jh.
unter der Führung von Moulay Ali
Ben Rachid hier ansiedelten.
Die **Ismaïl-Kasbah** (mit einem eth-
nografischen Museum) am Platz
Outa el-Hamam stammt aus dem
17. Jh., die **Große Moschee** mit ihrem achteckigen Minarett aus dem
15. Jh. Chefchaouen rühmt sich seines köstlichen Wassers aus der **Quelle Ras el-Ma** sowie seiner Webstoffe.

Von der Aussichtsterrasse des Hotels Parador genießt man einen zauberhaften Blick auf die Grünlandschaft im Südosten der Stadt.

113 km südöstl. von Tanger

ÜBERNACHTEN
Casa Hassan

Charmante Dekoration • Eine kreative Aura umgibt den Gast in dem Patio-Haus mit Wohlfühl-Garantie und dem guten Restaurant **Tissemlal** schräg gegenüber, dem umgebauten Elternhaus von Patron Hassan. 22, rue Targhi, nördl. der Pl. Outa el-Hamam • Tel. 05 39 98 61 53 • www.casahassan.com • 8 Zimmer und Suiten • €€

◎ **Tétouan**   ▶ S. 152, C 9

363 000 Einwohner

Die »Weiße Taube« im Prärif lockt viele Ausflügler an, zählt doch die Médina von Tétouan zu den sehenswertesten im Land, seit 1997 auch zum Kulturerbe der Welt. Alt-Tétouan wurde ab dem 16. Jh. von Reconquista-Flüchtlingen aus Al-Andalus geprägt und von Moulay Ismaïl mit einer Mauer umgeben. 1913 bis 1956 war Tétouan Verwaltungszentrum der spanischen Protektoratszone und der Sitz des marokkanischen Kalifen. Aus dieser Epoche stammen die schönen Gebäudefassaden im hispano-maurischen Kolonialstil, besonders ausgeprägt an den Plätzen Moulay el-Mehdi und Hassan II sowie der Avenue Mohammed V.

In diesem Kunsthandwerkszentrum Nordmarokkos besucht man das **Musée Archéologique** (Nähe Place Al-Yaláa, Mo–Do 8.30–12, 14.30–18.30, Fr 8.30–11.30, 15–18.30 Uhr) und das **Musée Ethnographique** (Bab el-Oqla, Mo, Mi–Fr 8–12 und 15–18 Uhr). Einen »guide« vermittelt die Délégation du Tourisme (30, av. Mohammed V, Tel. 05 39 96 19 15).

57 km südöstl. von Tanger

Andalusisches Erbe: Hinter den kunstvoll verzierten maurischen Türen im Gassengewirr der Médina von Chefchaouen (▶ S. 39) verbergen sich Patios mit Charme.

Al-Hoceima ▸ S. 153, E 10

257 000 Einwohner

Den kleinen Felsbuchten, Sand- und Kieselstränden verdankt die weiße Mittelmeerstadt ihre Beliebtheit als Sommerbadeort. In der Mehrzahl verbringen hier bisher Emigranten, die aus der Gegend stammen, Familien aus anderen Landesteilen und Spanier aus Melilla ihren Urlaub. Bis 2015 sollen die Mittelmeerstadt und ihre Umgebung aber zu einem touristischen High-Class-Ziel ausgebaut werden. Von 1926 bis 1956 war der Ort nichts weiter als ein Militärposten der Spanier zur Bekämpfung aufmüpfiger Rif-Berber. Die Felseneilande in der Bucht gehören seit dem 17. Jh. zum Hoheitsgebiet Spaniens. Inzwischen hat sich Al-Hoceima zur Hauptstadt der gleichnamigen Zentralrifprovinz und der Region Taza–Al-Hoceima–Taounate entwickelt; es besitzt den zweitgrößten Fischereihafen am Mittelmeer. Als rasch wachsender Ort mit starker Sogwirkung auf die bäuerlichen Bewohner im Umland ist das Stadtbild keine Augenweide. Schön ist nur die Lage an der nach Málaga offenen Baie d'Al-Hoceima, 40 bis 60 m über der Felsküste. Und das Rifgebirge lockt zu Ausflügen. In den Wäldern leben Magots, Rotfüchse, Schakale, Schleichkatzen, Wildschweine und Zorillas.

SEHENSWERTES

Fischereihafen

Von der Felsnase des Nordwestkaps der Al-Hoceima-Bucht gen Norden geschützt, vermittelt der Fischereihafen mit seinen Schleppnetz- und Sardinenfischerbooten und den Barken der Nachtfischer mit ihren Gaslampen ein Flair von Ferne. In der geschäftigen Fischhalle sieht man Fischer beim Abladen ihres Fangs: Makrelen, Merlane, Rötlinge, Thunfisch, auch Kopffüßer, im Mai/Juni Anchovis, im Sept./Okt. Sardinen für den einheimischen Konsum.

SPAZIERGANG

Auch hier tragen die den Stadtkern bildenden Hauptstraßen den Namen der 1961 bzw. 1999 verstorbenen Könige Mohammed V und Hassan II. Am Schnittpunkt der **Avenue Hassan II** mit dem **Boulevard Mohammed V** befindet sich das Zentrum. Noch ausgeprägter als anderswo dokumentiert das Straßenbild die noch weitgehend auf den Mann ausgerichtete maghrebinische Gesellschaft: Vor den lautstarken Fernsehgeräten der eher tristen Straßencafés sitzen ausschließlich Männer. Im Sommer findet auf den beiden »Flaniermeilen« nach spanischer Art der abendliche »paseo« (Bummel) statt.
Dauer: ca. 15 Min.

ÜBERNACHTEN

Casa Paca

Meerblick • Dominiert den Strand von Sfiha. Von der Terrasse herrliches Panorama mit dem spanischen Küstenfelsen Penon de Alhucemas. Abendessen nur auf Vorbestellung. Penon de Al-Hoceima, Plage de Sfija • Tel. 0 5 39 80 27 32 • www.casapaca marruecos.com • 5 Zimmer, 1 Appartement • €€

La Perla

Modernes Stadthotel • Drei-Sterne-Haus mit Restaurant (insbesondere Fischgerichte) in der Nähe des Fußballplatzes (»stade«), gut 1 km vom Hafen entfernt. Kostenloser Internetzugang, Klimaanlage und bewachte Parkmöglichkeit.

Av. Ibn Ziad • Tel. 05 39 98 45 13 •
www.hotelperlamorocco.com •
30 Zimmer • €€

ESSEN UND TRINKEN
Fischrestaurants im Hafen

In den populären Esslokalen mit
Kneipenatmosphäre trifft man zahlreiche Stammgäste, kommen doch
die Früchte des Meeres vom Netz
direkt in die Pfanne. Am Marmor-
tresen des **Al-Khouzama**, auch im
Club nautique (kurz vor dem Ha-
feneingang), spülen Seeleute die Ta-
pas und Grillfische mit Wein und
Bier hinunter (€).

SERVICE
AUSKUNFT
Délégation du Tourisme
Zankat Al-Hamra, Cala Bonita •
Tel. 05 39 98 11 85

VERKEHR
Busterminal
Gare routière
Ortseingang (aus Richtung Flughafen
bzw. Melilla) • Tel. 05 39 98 22 73

Flughafen
Aéroport Charif Al-Idrissi
17 km südöstl. • Tel. 05 39 98 25 60

Ziele in der Umgebung
◎ Cala Iris   ▶ S. 153, D 10

Auch dieser 800 m lange, goldene
Mittelmeerstrand zu Füßen der grünen Macchiahänge des Rif wird jetzt
für den internationalen Badetouris-
mus erschlossen. Bisher lockte er vor
allem einheimische und spanische
Campingtouristen an. 1998 wurde
an der Bucht eines jener Fischerdör-
fer mit Ankerplatz eingeweiht, wie
sie an den Küsten vom Staat gegründet werden. Mit den Fischern kann
man Bootsfahrten entlang des Bok-
koyas-Massivs unternehmen.
60 km westl. von Al-Hoceima

◎ Checran   ▶ S. 153, E 10
6800 Einwohner

Zum Samstags-Souk versammeln
sich Rif-Berber im Hochgebirgsort
Checran. Aber auch ohne Marktbe-
trieb lohnt sich die Fahrt in das Herz
des Rifgebirges. Links, in der blauen
Bucht, fällt der Blick zunächst auf
den spanisch besetzten Fels **Peñon
de Alhucemas**. Ab Ajdir geht es auf
der N2 nach **Im-Zouren**. In dem
modernen Handelszentrum wird am
Samstag der bedeutendste Regional-
markt der Provinz abgehalten.
Kurz nach dem Landstädtchen **Beni-
Bou-Ayach** (Montags-Souk) liegt
links an der Straße der Staudamm
Mohammed Ben Abdelkrim al-Khat-
tabi. Nun schlängelt sich die Route
parallel zum Nekor talaufwärts.
Bei der Nekor-Brücke zweigt rechts
eine Straße zur Gemeinde El-Arba-
Taourirt ab, beherrscht von einer alten Kasbah. Dann steigt die Bergpis-
te auf einer Strecke von 26 km zum
1800 m hoch gelegenen Dorf Che-
cran an. Weite Flächen wurden zum
Schutz des Staudamms mit Mandel-
bäumen und Kiefern aufgeforstet.
Die Hochstraße bietet großartige
Gebirgspanoramen; Einzelhöfe und
Streudörfer verteilen sich über das
Gelände. Die Bewohner reiten auf
Mauleseln zum Souk nach Checran.
67 km südl. von Al-Hoceima

◎ Ketama   ▶ S. 153, D 10
15 900 Einwohner

Die Rif-Kammstraße, eine Hochge-
birgsstrecke durch die Kernlandschaft
des Rif (Dez.–März zwischen Beni-
Hadifa und Bab-Taza oft verschneit),

Olivenpflanzungen und Getreidefelder zwischen weißen Dörfern charakterisieren das Ouerrha-Tal bei Aïn-Aïcha im Prärif südlich von Taounate (▶ S. 43).

verläuft in Höhen von über 1100 m, überquert einen 1582 m hohen Pass und führt am Nordfuß des **Tidiquin-Massivs** (mit Skigebiet) entlang. Ketama liegt auf einer Höhe von 1520 m über dem Meer und ist nicht nur für seinen Hochwald mit den jahrhundertealten Atlaszedern bekannt, sondern auch als Zentrum der Haschischdealer berühmt und berüchtigt. Im Umkreis des Städtchens liegen noch immer alte Anbaugebiete des indischen Hanfes. Hier herrscht reger Durchgangsverkehr.

114 km südwestl. von Al-Hoceima

◎ Taounate ▶ S. 153, D 10

32 600 Einwohner

Auf der kurvenreichen **Route de l'Unité** (N 8) zwischen Ketama und der Provinzhauptstadt Taounate (601 m) lernt man eine der außergewöhnlichsten Reisestrecken Marokkos kennen. Der 79 km lange Nord-Süd-Durchbruch durch das Zentralrif folgt dem Verlauf des einstigen Karawanenwegs, auf dem ab dem 14. Jh. Exportgüter aus Fès zum Rif-Hafen Bades befördert wurden und Importwaren aus Südeuropa nach Fès. An den roterdigen Talflanken liegen einsame, stufenförmig angeordnete Rif-Gehöfte, umgeben von Terrassenäckern mit Hanfkulturen zwischen dem Mais.

Zur Bekämpfung des Drogenhandels werden die Hanfplantagen nach und nach durch andere ertragreiche Pflanzen ersetzt, etwa durch Kapernsträucher. So hat sich die Hanfanbaufläche im Rif auf 47 500 ha im Jahr 2010 reduziert. Schon heute rühmt sich Marokko, der weltgrößte Kapernproduzent und -exporteur zu sein. Abnehmer sind vor allem die USA und die EU. Rund zwei Drittel der marokkanischen Kapern gedeihen in den Provinzen Fès und Taounate.

Die planlos gewachsene Stadt Taounate hat selbst keinerlei touristische Infrastruktur aufzubieten.
193 km südwestl. von Al-Hoceima

Oujda ▸ S. 153, F 10

428 000 Einwohner

Seit Algerien im Jahr 1994 die Landgrenze zum Nachbarstaat Marokko sperrte, liegt Oujda touristisch im Abseits. Das wird sich in naher Zukunft ändern. 2011 wurde die neue Autobahn Fès–Oujda (328 km) in Betrieb genommen. Die von der EU mitfinanzierte »Rocade méditerranéenne«, die auf 520 km entlang der Rif-Küste von Tanger nach Saïdia verläuft, ist fast abgeschlossen, und am Mittelmeerstrand von Saïdia entstanden aufwendige Touristikanlagen. Diese Großprojekte öffnen nun auch das Nordosttor Marokkos für den internationalen Urlauberstrom. »Klein-Casablanca« liegt 45 km abseits der Küste des Mittelmeers, am Südrand des landwirtschaftlich genutzten Angad-Plateaus, auf 550 bis 570 m Höhe. Oujda ist die wichtigste Handels- und Industriestadt Ostmarokkos, Sitz der Universität Mohammed I und Hauptstadt der weitflächigen Wilaya der Region Oriental. Aktivurlauber, die Touren ins nahe Gebirge, in die Alfagrassteppe und die Datteloasen der Provinz Figuig mit einem Sprung ans Meer koppeln wollen, sind hier richtig.

SEHENSWERTES

Ancienne médina

Der 1000-jährige Kern Oujdas, x-mal von Osten her attackiert, zerstört und anschließend wieder aufgebaut, wird vom Neustadtring bedrängt. Vom Außenwall (1895) sind nur Teilstücke erhalten. Vorerst bleibt die alte Médina jedoch ein quirliges Viertel, nicht zuletzt wegen der vielen Händler mit Schmuggelwaren, die die Nähe zu Algerien und Spanisch-Melilla zum »commerce parallèle« (Schleichhandel) animiert.

Bab el-Gharbi

Im Baustil ähnelt das rote »Westtor« dem Osttor Sidi Abd el-Ouahab. Überhalbkreisbögen öffnen sich in einen ca. 8 m tiefen Durchgang mit flacher Holzbalkendecke. In der Umgebung erhebt sich der gezinnte Kubus-Marabout des Sidi Ziane.

Bab Sidi Abd el-Ouahab

Wichtigster der beiden erhaltenen Torbauten der Altstadt, benannt nach dem Idrissiden-Scherif, der sich 1345 in Oujda niederließ und als Heiliger verehrt wird. Sein Marabout in der Nähe des Tors ist noch heute Pilgerziel. Nach wie vor pulsiert am Osttor das Leben der Altstadt-Oujdis. Über dem 1985 restaurierten Tor ließen die Sultane die Köpfe hingerichteter Rebellen zur Schau stellen.

Dar es-Sebti

Üppig ausgestattetes, traditionelles Bürgerhaus aus dem Jahr 1938, heute im Besitz der Stadt und für kulturelle Veranstaltungen genutzt. Gegen Trinkgeld lässt der Wächter Besucher gerne einen Blick hineinwerfen.
Av. Al-Maghrib Al-Arabi

Grande Mosquée

Der älteste erhaltene Sakralbau in Oujda, 1298 durch die Meriniden gegründet. Laut Inschrift im Gipsstuckfeld über dem reich verzierten Hauptportal mit geschnitztem Vordach erfuhr die Freitagsmoschee im Hedschra-Jahr 1354 (nach unserer

Zeitrechnung 1935) eine Renovierung. Die zehnschiffige Gebetshalle wird von 36 bogenverbundenen Pfeilern gestützt.

Kasbah

Den südöstlichen Winkel der Altstadt schützte früher die Kasbah. Sie war der am stärksten befestigte Stadtteil. Im Kasbah-Viertel hatten die Makhzen-Vertreter ihren Sitz. In der Folgezeit ließen sich auch wohlhabende Kaufleute hier im Schutz der Zentralgewalt nieder. Die Place du Dar el-Makhzen flankieren alte, inzwischen zweckentfremdete Verwaltungsgebäude im maurischen Stil.

SPAZIERGANG

Den Pulsschlag dieser »Capitale de l'Oriental« fühlt man am stärksten auf dem unerlässlichen **Boulevard Mohammed V**. Von Jacaranda-Bäumen und Terebinthen gesäumt, zieht der Boulevard, am Westrand der Ancienne médina entlang, etwa 2 km nach Nordosten in Richtung Algerien.
Wir starten am **Hotel Oujda**, an der Südwestecke der Médina. Nach wenigen Schritten liegt rechts die französische Kirche **Saint-Louis-d'Anjou**, ein auffallender Satteldachbau mit roten Ziegeln. Am Boulevard reihen sich die Wilaya, Reisebüros, Banken, Läden, Esslokale und Straßencafés. Er kreuzt an der Nordwestecke der Médina die **Place du 16 Août 1953**.
Das Zentrum der Neustadt wird vom 1953 erbauten Rathaus beherrscht, dem im Jahr 1967 der Uhrturm aufgesetzt wurde. Nahe dem Uhrturm befinden sich die **Délégation du Tourisme** und die Hauptpost. Nach dem kurzen Bummel entspannt man sich am besten beim Besuch eines der modernen Straßencafés und lässt dabei das mediterran-afrikanische Ambiente auf sich wirken.
Dauer: ca. 10 Min.

ÜBERNACHTEN
Atlas Terminus & Spa

Modernes Design • Zeitgenössisch aufpolierte Traditionsadresse nahe dem Bahnhof. Mit Pool, Gym, Hamam und zwei Restaurants.
Bd. Zerktouni/ Pl. de l'Unité Africaine • Tel. 05 36 71 10 10 • www.hotelsatlas.com • 82 Zimmer und Suiten • €€€

Royal Hotel

Budget-Hotel • Komfortable Zimmer, gutes Preis-Leistungs-Verhältnis.
13, bd. Zerktouni, beim Bahnhof • Tel. 05 36 68 22 84 • E-Mail: royal.hotel@ menara.ma • 51 Zimmer • €

ESSEN UND TRINKEN
Comme Chez Soi

Fein à la française • Der Name (»Wie zu Hause«) ist hier Programm: herzlicher Empfang, gute marokkanische und internationale Küche, frischer Fisch und Wein, gepaart mit einem angenehmen Wohlfühlrahmen.
8, rue Sijilmassa (Neustadtzentrum) • Tel. 05 36 68 60 79 • €€

Le Dauphin

Meer & mehr • Bei den Oujdis gilt das Dauphin als Toprestaurant ihrer Stadt. Große Auswahl an Fisch und Fleisch. Ein Aquarium und die Farben des Meeres versetzen den Gast in maritime Stimmung.
38, rue de Berkane (beim Palais de Justice) • Tel. 05 36 68 61 45 • €€

EINKAUFEN
Ensemble Artisanal
Rue el-Mouahidine, bei der Hauptpost

Schmuck

Der Preis für den wunderbaren Silber- und Goldschmuck errechnet sich in der Médina traditionell nach Gewicht bzw. Grammeinheit.

Rue el-Mazouzi (Ancienne médina)

SERVICE

AUSKUNFT
Délégation du Tourisme
Pl. du 16 Août • Tel. 05 36 68 56 31 • E-Mail: dtoujda@menara.ma

VERKEHR
Bahnhof
Gare ferroviaire
Pl. de l'Unité Africaine

Fernbusterminal
Gare routière CTM
12, rue Sidi Brahim, östl. vom Rathaus (Hôtel de Ville) • Tel. 05 36 68 20 47
Die Busse der übrigen Gesellschaften fahren ab von der Gare routière an der Straße nach Taza, jenseits des Oued Nachef im Westen.

Flughafen
Aéroport Les Angads
15 km nördl. • Tel. 05 36 68 36 36

Ziele in der Umgebung

◎ Aïn-Benimathar/
Tendrara ▸ S. 153, F 11

13 500/6000 Einwohner

Die Strecke von Oujda Richtung Figuig verläuft parallel zu der ab Aïn-Benimathar noch nicht endgültig fixierten Grenze zu Algerien. Man sollte daher die N 17 keinesfalls gen Osten verlassen. In der kargen Einöde ziehen breitschirmige Pistazienbäume den Blick in den Bann. In weitem Abstand voneinander wachsen sie wie »Megapilze« aus dem wüstenhaften Hochplateau.

In **Aïn-Benimathar** (928 m hoch) entsteht zwischen 2011 und 2020 ei-

Berkane (▸ S. 47) gilt als die Hauptstadt der Clementine. Die Ernte findet von November bis Februar statt, die Früchte werden nach wie vor mit der Hand gepflückt.

ne der fünf großen Photovoltaikanlagen zur Erzeugung von Solarstrom. Die Halbnomaden des Beni-Mathar-Stammes halten hier ihren Montags-Souk ab. In Tendrara auf 1480 m Höhe findet donnerstags ein Wochenmarkt statt. 178 km weiter südlich erreicht man die Oase **Figuig**.
83 bzw. 198 km südl. von Oujda

◎ Monts des Beni Snassen
▶ S. 153, F 10

Zweifellos eine der fesselndsten Landschaften Marokkos. Das Kalkmassiv erhebt sich mit dem **Ras Rourhal** auf 1532 m Höhe. Jahrhundertelang lebte in diesem Rückzugsgebiet an der Grenze zu Algerien der Berberstamm der Beni Snassen nahezu unabhängig von der Zentralverwaltung.

Höhepunkt einer Tour durch das Gebirge sind die Tropfsteinhöhlen **Grotte du Pigeon** (Taubengrotte) und **Grotte du Chameau** (Kamelgrotte) sowie die etwa 20 km langen **Gorges du Zegzel** (Zegzel-Schlucht). In der Taubengrotte wurden Gräber mit insgesamt 180 Skeletten des Homo sapiens entdeckt. Einer der Schädel wies eine gut vernarbte Knochenöffnung mit dem Bohrgerät auf. Am Eingang der Kamelgrotte hat sich ein Riesenstalagmit in Gestalt eines Kamels gebildet. Diese abwechslungsreiche Rundfahrt erstreckt sich über ungefähr 135 km und führt durch Sidi Bouhria, Taforalt und das Landwirtschaftszentrum **Berkane**.
Ca. 45 km nordöstl. von Oujda

◎ Saïdia
▶ S. 153, F 10

4000 Einwohner

Mit der Eröffnung der ersten Beach-Resorts, die im Rahmen des Tourismusförderprogramms »Plan Azur« am 12 km langen Sandstrand von Saïdia entstanden, ist der Küstenort am Mittelmeer 2010 zum internationalen Ferienziel avanciert. Die Fortsetzung dieses Plans (»Vision 2020«) sieht die Vollendung der touristischen Projekte vor. Auf dem ca. 700 ha großen Gelände sind Appartements, ein Jachthafen und weitere Hotels im Entstehen. Sehenswürdigkeiten hat die Grenzstadt außer einer Alaouiten-Kasbah aus dem späten 19. Jh. keine. Unmittelbar östlich davon, jenseits des Grenzflusses Kiss, sieht man den algerischen Küstenort Marsa-Ben-Mehidi. Im Westen, dem Kap Ras el-Ma vorgelagert, erblickt man die zum Hoheitsgebiet Spaniens gehörenden felsigen Islas Chafarinas. Vielseitig ist die Landschaft südlich und westlich des Orts: Ausflüge führen in die Berge der Beni-Snassen, nach Berkane mit seinen Agrumenplantagen oder in das Vogelschutzgebiet an der Mündung des Oued Moulouya. »Im Urlaub sind wir alle Stars«: So wirbt das Fünf-Sterne-Resort **Iberostar Saïdia** mit Golfplatz und Spa (Tel. 05 36 63 00 10, www.iberostar.com).
57 km nordwestl. von Oujda

◎ Sidi Yahya
▶ S. 153, F 10

Mystische Marabout-Atmosphäre umgibt die Quelloase des Sidi Yahya, wo ein uralter Heiligenkult gepflegt wird. Denn hier ruht der legendenumrankte Schutzpatron Oujdas, Sidi Yahya Ben Younes, der früher von Muslimen, Juden und Christen gleichermaßen verehrt wurde. Das gesamte Jahr über zieht es muslimische Frauen mit Kindern an diesen Ort, beschattet von mächtigen Terebinthen-Veteranen. Vom Bab Sidi Abd el-Ouahab in Oujda verkehren Stadtbusse nach Sidi Yahya.
6 km südöstl. von Oujda

Casablanca und Atlantikküste

Marokkos Wirtschaftsmetropole ist auch Magnet für Künstler und Designer. An den Stränden von El-Jadida bis Essaouira paart sich zunehmend Tradition mit touristischer Moderne.

◂ »Neuer Leuchtturm des Islam« wird die 1993 erbaute Grande Mosquée Hassan II (▸ S. 50) in Casablanca genannt.

Vom Flugzeugfenster aus gesehen erscheint das »Weiße Haus« (vom portugiesischen »Casa Branca«; in der arabischen Übersetzung »Dar el-Beida«) am Atlantischen Ozean als unüberschaubares Häusermeer unter einer Smogglocke: ein ca. 60 km langer Ballungsraum bis Mohammedia im Nordosten. Das ist die Wilaya der 1615 qkm großen Region **Grand-Casablanca**. Und wer mit dem Auto in die City fährt, dem kann man nur gute Nerven wünschen. Die Urlauber zieht es meist schnell in gefälligere Gefilde, nachdem sie die Große Moschee Hassan II und einige weitere Sehenswürdigkeiten besichtigt haben. Mit dem Zug, Bus oder Mietwagen geht es weiter in die Landesmetropole Rabat und landeinwärts zu den beiden anderen Sultansstädten Meknès und Fès. Oder nach Süden, an die Strände der Atlantikküste, die immer weiter erschlossen werden mit großen Resorts, Golfplätzen, Jachthäfen, wobei oft die alten Namen der bestehenden Küstenorte Pate stehen für die neuen Strukturen: Mazagan (bei El-Jadida) oder Mogador (bei Essaouira).

Casablanca

▸ S. 152, B 11

3 672 000 Einwohner
Stadtplan ▸ S. 51

Viele assoziieren mit dem klangvollen Namen der Metropole das hinreißende Liebespaar Ingrid Bergman und Humphrey Bogart in Michael Curtiz' Kultfilm »Casablanca« aus dem Jahr 1942. Obwohl weltbekannt, zog »Casa«, wie die Einheimischen ihr dynamisches Industrie-,

Finanz- und Handelszentrum nennen, bislang vorwiegend Geschäftsleute und Touristen auf der Durchreise in andere Landesteile an.

Das soll sich jetzt ändern. Casablanca hat sich vorgenommen, in den Rang der Touristikmetropolen von Weltrang aufzusteigen – nicht nur durch seinen neu gestalteten Jachthafen und die Aufwertung der angrenzenden Uferzone sowie das Aufpolieren der Avenue Royale.

Der Boulevard Mohammed V mit seinen vielen Art-déco-Bauten wurde bereits zu einer Fußgängerzone umfunktioniert. Die Straßenbahn T1, die erste von zwei Tramlinien, erschließt ihn und verbindet den Stadtteil Sidi Moumen im Osten mit dem Villenvorort Aïn Diab. Das endgültige Streckennetz soll rund 30 km umfassen mit zentralen Haltestellen wie dem Bahnhof Casa Voyageur und der historischen Markthalle (Marché central), der Place des Nations Unies sowie der Avenue Hassan II (www.casatramway.ma).

Bereits eröffnet ist seit 2012 das bislang größte Einkaufszentrum Nordafrikas: die **Marocco Mall**. Dieses muschelförmig designte, gigantische Shoppingcenter an der Corniche nimmt eine Fläche von insgesamt rund 200 000 qm ein und umfasst neben mehr als 250 Geschäften und

Restaurants auch einen Funpark für Kinder, eine Eislauffläche sowie ein riesiges Aquarium.

Last but not least wird endlich der heruntergekommene **Parc de la Ligue Arabe** mit seinen Dattelpalmen saniert. 1918 von Albert Laprade entworfen, diente er zuletzt als Refugium für Straßenschläfer. Das Teilstück des Bd. Moulay Youssef durch den Park wird zur Fußgängerzone.

Casablanca ist aber nicht nur der wirtschaftliche Motor des Landes – es verfügt über den größten Handelshafen Afrikas und ist die wichtigste Messestadt im Großmaghreb –, sondern besitzt mit der **Université Hassan II** auch die größte Hochschule Marokkos. Rund 50 000 Studenten sind in den zehn Fakultäten eingeschrieben, die sich zu je fünf auf den Campus Aïn-Chock-Casablanca sowie Mohammedia verteilen.

Die Präsenz der Hochschüler trägt ebenso bei zum Charakter Casablancas wie eine Reihe von Künstlern und (Mode-)Designern, die in der pulsierenden, durch das unmittelbare Nebeneinander von Reich und Arm, von modernster Architektur, Art-déco-Bauten, Médina-Mauern, Sechzigerjahrebeton und alterslosen Wellblechhütten geprägten Metropole ihr Dorado gefunden haben.

»Casa« ist heute das Spiegelbild eines Marokkos im Aufbruch: Glanz und Elend, Party und Prostitution, Business und Bettelbetrieb bilden seine Facetten. Der Blick in die Zukunft dominiert das Denken der Menschen mehr als in anderen Städten des Landes. Tradition und Vergangenheit haben dennoch ihren Platz.

Vielseitig ist »Casas« Nachtleben, angefangen von den Live-Acts in den zahlreichen Jazz- und Piano-Bars bis hin zu hochkarätigen internationalen Musikfestivals wie dem 2006 ins Leben gerufenen »Jazzablanca« (Ende März/Anfang April, www.jazzablanca.com). Das kulinarische Angebot der Stadt reicht von Imbissständen bis hin zu exklusiven Restaurants.

SEHENSWERTES

Aïn Diab ▶ S. 152, A 11

Das Wohn- und Vergnügungsviertel erstreckt sich 7 km westlich vom Hafen parallel zur Atlantikküste und besitzt moderne Strandbäder, Hotels, Terrassenrestaurants und -cafés, Nightclubs und Discos. Im Juli und August herrscht hier Massenbetrieb. Südlich davon liegt der populäre Sandstrand **Sidi Abd er-Rahman**, benannt nach dem malerisch auf einem Küstenfels stehenden Marabout.

Grande Mosquée Hassan II

▶ S. 51, a 1

Marokkos neues Wahrzeichen erstrahlt am Boulevard Sidi Mohammed Ben Abdallah, in Richtung Aïn Diab. Der Welt höchster Sakralbau, eingeweiht 1993, schließt außer der Freitagsmoschee für bis zu 100 000 Gläubige eine **Medersa** (theologische Hochschule), Konferenzsäle, eine Fachbibliothek und Tiefgarage ein.

Der Koranvers »Gottes Thron stand auf dem Wasser« inspirierte den Monarchen dazu, sein Kulturdenkmal ins Schelfmeer vorzurücken. Weithin sichtbar strebt das Vierkantminarett 200 m himmelwärts. An dem vom Pariser Architekten Michel Pinseau (gest. 1999) konzipierten, einzigartigen Kultbau arbeiteten 35 000 Bauarbeiter und (Kunst-)Handwerker sieben Jahre lang. Diese Synthese von Hightech und maurischer Ornamentik kostete 0,5 Mrd. €.

Die Hassan-II-Moschee ist (neben jener von Tinmel im Hohen Atlas) im Übrigen das einzige islamische Gotteshaus Marokkos, das auch Nichtmuslime betreten dürfen. Führungen: 9, 10, 11, 14 Uhr, außer Fr und an Feiertagen, im Ramadan nur vormittags, Juli/Aug. auch 15 Uhr; bedeckte Schultern für Frauen obligatorisch, zudem müssen alle Besucher sich ihrer Schuhe entledigen • Eintritt 120 DH, Kinder 30 DH

Historische Médina ▸ S. 51, b 1/2

Médina heißt auf Arabisch Stadt. Die Franzosen benutzten diesen Ausdruck zur Bezeichnung der Altstädte, als sie an deren Peripherie ihre Neustädte gründeten. Bis heute wird der Begriff in diesem Sinn benutzt. Beim Uhr-

turm, Ecke Av. des FAR/Bd. F. H. Boigny, betritt man auch in Casablanca eine andere Welt. Die engen Gassen der Médina bilden einen frappanten Kontrast zu den Boulevards vor ihren Mauern aus dem 16. Jh. Wenn gegen 10 Uhr die Läden öffnen, breitet sich jene reizvolle Basaratmosphäre aus, die sich bis zum Abendgebet kontinuierlich steigert. Anders als etwa in Marrakech werden in der Médina von »Casa« hauptsächlich Dinge des Alltags feilgeboten – Obst und Gemüse der Saison vom Karren, Plastikgefäße, Flipflops etc. Es gibt auch noch die Wasserverkäufer, die Scherenschleifer und die Männer, die mit Duschköpfen oder Wasserhähnen am Straßenrand hocken und ihre Dienste als Klempner anbieten.

Kinder spielen in den Médina-Gassen noch mit Murmeln und selbst gebastelten Reifen, alte Frauen hocken im Schatten des Türstocks, Ziegen knabbern an Zeitungsfetzen herum – und plötzlich ist da auch der Sahauri (Sahara-Stämmige) mit seiner Box voller »Wundertränke«.

Marché Central   ▸ S. 51, c 2

Hinter dem grün gekachelten Eingangstor öffnet sich seit 1919 eine Marktwelt im franco-maurischen Stil mit weißen Arkaden, unter deren oft fantasiereich bemalten und beschrifteten Schildern noch heute ein breites Warenangebot lockt: Blumen, Früchte, Kräuter, Oliven, Eier, Fleisch – und Fisch sowie Schalen- und Krustentiere in allen Varianten stehen hier zum Verkauf.

Kleine Cafébars servieren an ihren Tischen diverse Snacks, vor allem frisch gegrillten oder gebratenen Fisch. Mit ihrem »kss, kss« locken die Besitzer die Kundschaft an – Casaouis ebenso wie Touristen.

Bd. Mohammed V (schräg gegenüber der Hauptpost) • tgl. 7–15 Uhr

Neue Médina/Habous-Viertel
▸ S. 51, b 2/3

Königspalais und **Mahakma du Pacha** prägen das Viertel südöstlich der Kirche Notre-Dame-de-Lourdes. Der Mahakma, 1941 bis 1950 erbaut, war früher Amtssitz und Residenz des Paschas. Heute befindet sich hier die Verwaltung eines islamischen Gerichtshofs. Der Palast gilt als Meisterwerk des maurischen Stils und wird daher auch »Alhambra von Casablanca« genannt. Eine Besichtigung ist nur mit Guide nachmittags möglich. Unter den Arkaden der von Ficus-Bäumen beschatteten **Place Moulay Youssef** wird eine Fülle von Kunsthandwerk angeboten. Die Rue Haj-

Casablancas Grande Mosquée Hassan II (▸ S. 50) wurde durch Spenden – mindestens fünf Dirham – finanziert. Jeder Förderer bekam daraufhin eine kalligrafische Urkunde.

Lamfadel in der Neuen Médina gehört den Antiquitätenhändlern, im Schlachterviertel kann man sich das frisch gekaufte Lamm-, Kamel- oder Rindfleisch gleich auf den Grill legen lassen. In der Rue Fkih-el-Gabbas lockt Casas bekannteste Konditorei, die **Pâtisserie Bennis**, mit köstlichen »cornes de gazelles«, Sesam-»Fingern« und anderem süßen Gebäck.

Am Ende der Rue Belghazi öffnet sich der **Gewürz-Souk**. Auch die Anbieter von allerlei Heil- und Zaubermittelchen haben hier ihren Platz gefunden, dazu die Wahrsagerinnen und die Frauen, die ihre Geschlechtsgenossinnen mit – garantiert natürlichem! – Henna kunstvoll dekorieren. In jeder Boutique hängen das Bild des Königs sowie eine nummerierte Verkaufslizenz an der Wand.

MUSEEN

Villa des Arts ▶ S. 51, a 3

In der restaurierten Villa im Art-déco-Stil der Dreißigerjahre mit Café im Garten wird moderne Malerei marokkanischer Künstler gezeigt – von 1950 bis zur Gegenwart. Kleine eigene Kollektion und interessante Wechselausstellungen.

30, bd. Brahim Roudani • Di–So 9.30–19 Uhr • www.fondationona.ma/vdacasa.htm • Eintritt frei

SPAZIERGANG

An der verkehrsreichen **Place des Nations Unies** mit Fußgängeruntertunnelung pulsiert das Herz der Wirtschaftsmetropole. Den Platz prägt die anspruchsvolle Fassade des Kettenhotels **Hyatt Regency**, das sich kontrastreich von der Altstadt absetzt. Wir schlendern zunächst einige Minuten in östlicher Richtung den alten **Boulevard Mohammed V** entlang (Achtung: Straßenbahn!), der gesäumt ist von Topgeschäften und Gebäuden aus der Epoche des französischen Protektorats im Art-déco-Mischstil – wie etwa das legendäre **Petit Poucet**, eine Bar, in der u. a. der französische Flieger und Schriftsteller Antoine de Saint-Exupéry (»Der kleine Prinz«) oft die Zeit zwischen seinen Starts verbrachte.

Seit Jahren kämpft der Verein Casamémoire um die Erhaltung des einst prachtvollen, zum Nationaldenkmal erklärten **Hotel Lincoln** gegenüber dem Zentralmarkt. Als Spekulationsobjekt ließ es der Eigentümer konsequent verfallen. Nun entscheidet der Oberste Gerichtshof über eine Enteignung im öffentlichen Interesse.

Am bunten, betriebsamen Zentralmarkt biegen wir links in die **Rue Chaouïa** ab und erreichen die **Avenue des Forces Armées Royales** (FAR), die wir in westlicher Richtung entlanggehen – vorbei am Hotel Royal Mansour, an Schifffahrts- und Fluggesellschaften, Reisebüros, Autoverleihern und Kunsthandwerksbasaren, bis erneut die Place des Nations Unies erreicht ist.

Danach schlendern wir für ein paar Minuten die lärmende **Avenue Hassan II** südwärts. Hier residieren in modernen Hochhäusern führende Geldinstitute. Dabei trifft man auf den schönsten Platz der Stadt, die **Place Mohammed V**, die von bemerkenswerten Bauten im maurischen Art-déco-Mischstil umgeben ist: links der Amtssitz des Wali der Wilaya mit einem 50 m hohen Uhrturm, im Hintergrund der Grünanlage erhebt sich der Justizpalast, rechter Hand erkennt man einen 1965 von Spaniern erbauten Hochstrahlbrunnen.

Dauer: 30 Min.

ÜBERNACHTEN

Le Royal Mansour Méridien

> ▶ S. 51, c 2

Fünfzigerjahre-Palast • Stilvoller Luxus in bester Citylage. In dem berauschenden Wintergarten möchte man ewig sitzen. Zu den Stammgästen zählen auch deutsche Golfspieler.
27, av. des FAR • Tel. 05 22 31 30 11 • www.leroyalmansourmeridien.com • 182 Zimmer • €€€€

Dar Itrit ▶ S. 51, südwestl. a 3

Wie bei Freunden • Sternenhaus bedeutet der Name, und die Besitzerin heißt Estrella! Eines der wenigen privaten Gästehäuser der Stadt, zwar etwas außerhalb, aber mit Aussichtsterrasse und Dinnermöglichkeit.
9, rue de Restringa • Tel. 05 22 36 02 58 • www.daritrit.ma • 3 Zimmer (die sich zwei Bäder teilen) • €€

Diwan Casablanca ▶ S. 51, c 2

Beim CTM-Busbahnhof • Fast ausschließlich Juniorsuiten, großzügig wie das Entree und das Spa. Bevorzugen Sie die oberen Etagen!
31, bd. Hassan Seghir • Tel. 05 22 44 65 14 • www.hoteldiwancasablanca. com • 104 Zimmer • €€

ESSEN UND TRINKEN

Café-Restaurant Sqala ▶ S. 51, b 1

Hübscher Garten • Wer aus dem Hochhausambiente in altes Gemäuer entfliehen möchte, der begebe sich zur Sqala, einer Verteidigungsanlage aus dem Jahr 1769 in der Altstadtmauer. 2002 wurde in dem Bollwerk ein romantisches Café-Restaurant eingerichtet.
Bd. des Almohades, gegenüber dem Port de Pêche, Médina • Tel. 05 22 26 09 60 • tgl. 10–24 (Sommer), 10–18 Uhr (Winter) • €€

EINKAUFEN ▶ S. 51, b/c 2 und a 3

Die zentralen Shoppingstraßen sind der **Boulevard Mohammed V** und die Fußgänger-Avenue **Prince Moulay Abdallah** (hinter dem Palais de Justice). Am **Boulevard F. H. Boigny**, in Richtung Gare du Port, reihen sich auf der linken Seite die Souvenirläden aneinander. Internationale Label-Boutiquen gibt es im angesagten Quartier Maârif mit dem Twin Center als Wahrzeichen.

AM ABEND

Armstrong Jazz Café

> ▶ S. 51, westl. a 1

Absolut in • Rhythm & Blues live mit funky Akzenten, Inhaber ist Michel an der Derbouka – zwischen 1 und 4 Uhr morgens ist es hier selbst unter der Woche proppenvoll. Alle zwei Monate eine neue Band.
41, bd. de la Corniche, Aïn-Diab • Tel. 05 22 79 77 58

Le Kazbar ▶ S. 51, a 2/3

Dinner-Show • Barockes Ambiente für erstklassige Gesangs- und Tanzauftritte (Mi–Fr, sonst DJ); korrekte Kleidung und eine Reservierung sind erforderlich. Serviert wird eine französisch-italienische Küche.
7, rue Najib Mahfoud (nahe des Bd. Anfa), Quartier Gauthier • Tel. 05 22 20 47 47

Rick's Café ▶ S. 51, b 1

Nostalgisch • Im Jahr 2004 hat eine Amerikanerin diese stimmungsvolle Piano-Bar mit Restaurant eröffnet, die dem Café Rick's in dem Michael-Curtiz-Film »Casablanca« nachempfunden ist. Sonntagabends steht Jazz live auf dem Programm.
248, bd. Sour Jedid • Tel. 05 22 27 42 07 • tgl. 12–15, 18.30–24.30 Uhr

Eintauchen in die Welt der Vierzigerjahre: Rick's Café in Casablanca (▶ S. 54) orientiert sich bis ins kleinste Detail an der Bar aus dem weltbekannten Michael-Curtiz-Film.

SERVICE

AUSKUNFT

Syndicat d'Initiative   ▶ S. 51, b 2
Bd. Mohammed V • Tel. 05 22 22
15 24 • www.visitcasablanca.ma

VERKEHR
Bahnhof
Gare ferroviaire   ▶ S. 51, c 2
Casa-Port, Bd. F. H. Boigny

Gare Casa Voyageurs
▶ S. 51, östl. c 3
Pl. de la Gare

Fernbusterminal
Gare routière CTM   ▶ S. 51, c 2
23, rue Léon l'Africain •
Tel. 05 22 54 10 10

Gare routière Ouled Ziane
▶ S. 51, östl. c 3
Südlich vom Bahnhof Casa Voyageurs
verkehren alle anderen Buslinien, ih-

re Qualität und ihr Komfort sind jedoch recht unterschiedlich.
Route des Ouled Ziane (erreichbar mit Stadtbussen)

Flughafen
Aéroport Mohammed V
30 km südl. • Tel. 05 22 33 91 00

El-Jadida ❸   ▶ S. 152, A 11
160 000 Einwohner

Besucher zieht es in erster Linie in die seit 2004 zum Weltkulturerbe gehörende **Cité portugaise**, die von den Portugiesen 1506 unter dem Namen Mazagaõ gegründete Altstadt. Innerhalb des 1890 erneuerten Mauerrings mit seinen vier (von ursprünglich fünf) erhaltenen Bastionen – einen besonders schönen Panoramablick auf den Hafen, das Meer und die Stadt bietet die Bastion de l'Ange (Bastion der Engel) – verbirgt sich die wichtigste Attraktion der Provinzhauptstadt: die **Citerne portugaise**. Bis zum Jahr 1541 diente der 33 x 34 m große unterirdische Raum als Waffendepot. Zwölf Säulen und 13 Pfeiler tragen ein spätgotisches Kreuzrippengewölbe, das sich surreal im Wasser spiegelt. Orson Welles hat hier 1952 Szenen zu »Othello« gedreht (tgl. 9–13, 15–18, Sommer bis 19 Uhr, 10 DH). Die portugiesische Festung fiel 1580 an die Spanier, die sie Mazagan nannten und die lange den Angriffen von Berbern und marokkanischen Sultanen trotzte. Erst 1769 wurde sie aufgegeben und verfiel in der Folgezeit. Als El-Jadida, »die Neue« bzw. »die Junge«, erwuchs sie Anfang des 19. Jh. schließlich zu neuer Blüte als Stützpunkt für Handelsschiffe auf dem Weg nach Indien. Ein 17 km langer Sandstrand zieht sich um die den Nordwinden ausgesetzte Bucht. An dem parallel zur Uferpromenade verlaufenden Teilstück tummeln sich im Sommer vor allem Einheimische aus dem Binnenland. Am 18-Loch-Golfplatz, 1991 am Atlantik angelegt (km 7, Route de Casablanca), verbirgt sich das Luxushotel **Pullman Mazagan Royal Golf**. Es hat im Oktober 2009 am Sandstrand El-Haouzia (▸ S. 57) Konkurrenz bekommen durch das 245 ha große **Mazagan Beach Resort** mit 500 Zimmern, Spa, Casino, ebenfalls einem 18-Loch-Golf und 150 (in der Endphase) zum Kauf angebotenen Villen (www.mazaganbeachresort.com). Die Kapitale der fruchtbaren Region Doukkala–Abda besitzt die Universität Chouaïb Eddoukkali und bildet mit dem Handelshafen Jorf-Lasfar ein wichtiges Industriegebiet. Als Sehenswürdigkeit der Provinz gilt der Mauergürtel der **Militär-Kasbah von Boulâouane** (81 km südöstl.),

entstanden 1710 zur Zeit Moulay Ismaïls. Der Blick auf den mit 600 km zweitlängsten Fluss Marokkos, Oum Errebia (= Mutter des Frühlings), bezaubert die Sinne. Auf der Anfahrt speichert man ländliche Bilder.

ÜBERNACHTEN

Dar del Mare

Gemütliches Cité-Gästehaus • Vergoldete Betthäupter, üppige Lüster, Waschbecken aus Fossilienstein oder Farbglasfenster: Liebevoll bunt und individuell geht es zu bei Lionel, sogar zwei Mini-Terrassen bietet er auf. 18, rue Joseph Amiel, Cité portugaise • Tel. 05 23 37 28 07 • www.dar-del-mare.com • 4 Zimmer • €€

Villa David

Zen-Atmosphäre • Minimalistisches Design mit traditionellen Materialien in einem Gästehaus im ehemaligen jüdischen Viertel, 4 km südwestlich der Cité portugaise und 500 m vom Strand von Sidi-Bouzid. Table d'hôte und Dachterrasse. 4, av. Moulay Abdelhafid, Quartier Sidi Daoui • Tel. 05 23 34 44 23 • www.villa-david.com • 5 Zimmer • €€

ESSEN UND TRINKEN

La Portugaise

Gemütlich-rustikal • Rot-weiß karierte Tischdecken und ein passionierter Wirt. Einfache, korrekte Kost wie Tajine des Tages, Zitronenhühnchen, Salade Niçoise. In der Cité, gegenüber der Zisterne • €

Le Tchikito

Frittierter Fisch • Frisch aus dem Atlantik und ab ins heiße Öl – viel mehr hat Ahmed nicht zu bieten. Aber es schmeckt köstlich! 4, rue Mohamed-Smiha • €

SERVICE

AUSKUNFT
Syndicat d'Initiative
Pl. Mohammed V

VERKEHR
Bahnhof
Gare ferroviaire
Züge nach Casablanca, Fès, Rabat.
Ca. 4 km südl. an der Straße nach Safi

Fernbusbahnhof
Gare routière
Av. Mohammed V (Höhe Rue Abdelmoumen el-Mouaahidi) • Tel. 05 23 37 38 41

Ziele in der Umgebung
◎ **Azemmour**   ▶ S. 152, A 11
37 000 Einwohner
Narzisstisch spiegelt sich die fotogene Altstadt auf dem Felsplateau über dem Ufer des Oum Errebia im Fluss. Innerhalb des alten portugiesischen Walls verbergen sich die sehenswerte Kasbah, eine Reihe von Künstlern bemalte Fassaden sowie zwei schöne Riads: **L'Oum Errebia** (25, impasse Chtouka, Tel. 05 23 34 70 71, www.azemmour-hotel.com, 5 Zimmer, €€) und **Dar Wabi** (Derb Daira, Medina, Tel. 06 61 15 10 26, http://darwabi.over-blog.com, 5 Zimmer, €€). Am 2 km entfernten Sandstrand **El-Haouzia** entstand im Rahmen des »Plan Azur« das Mazagan Beach Resort (▶ S. 56). Unbedingt einen Besuch wert ist der noch recht ursprüngliche vormittägliche Dienstagsmarkt Azzemours.
16 km nordöstl. von El-Jadida

◎ **Oualidia**   ▶ S. 150, nördl. C 5
Berühmt in den Gourmetrestaurants des ganzen Landes sind die Austern, die in dem kleinen, ob seiner feinsandigen Bucht bei Marokkanern sehr beliebten Lagunenbadeort ca. 65 km nordöstlich von Safi gezüchtet werden. Vor Ort kann man sie z. B. im Restaurant **Ostréa II** verkosten (am östlichen Ortseingang, Tel. 05 23 36 64 51, €€). Weitere Spezialitäten der örtlichen Lokale sind Seespinnen und Seeigel. Auch in der Herberge **Le Relais** (26 km südwestl. von El-Jadida, kurz vor dem Fischerort Sidi-Abed, Tel. 05 23 34 54 98, €€) stehen Oualidia-Austern auf der Karte.
79 km südwestl. von El-Jadida

Die alte Zisterne (▶ S. 56) von El-Jadida diente mehrfach als Filmkulisse.

◎ **Safi**   ▶ S. 150, C 5
345 000 Einwohner
Für die Weiterfahrt ab El-Jadida ist wegen der Ausblicke die Küstenstraße R 301 über Oualidia vorzuziehen. Safi gilt als Stadt der Töpfer. Ihre Tradition, die heute in einer Kooperative fortlebt, geht zurück bis zur

Zeit der Phönizier und verdankt sich nicht nur der reichlich vorhandenen lehmhaltigen – durch Eiseneinschlüsse sehr roten – Erde in der Umgebung, sondern wurde zudem begünstigt durch den durch die Stadt fließenden Fluss (der die Ateliers einfach mit Wasser versorgte) und den üppigen Baumbestand in der Umgebung (für das Feuerholz zum Brennen der Tonwaren und Ziegel).

Auf dem Hügel **Colline des potiers** ist der größte Töpferkomplex Marokkos angesiedelt. Man erreicht ihn vom östlichen Ende der Altstadt (Bab Chaâba) über das Sträßchen mit den vielen Läden und Ständen der Töpfer. Auf dem Hügel kann man die gesamte Arbeitskette bis zum Brennen in den traditionellen Holzöfen beobachten, die heute allerdings zunehmend durch moderne Gasöfen ersetzt werden.

Und in einem maurischen Palast aus dem 18. Jh. innerhalb der **Kechla**, einer portugiesischen Festung aus dem 16. Jh., ist das **Keramikmuseum** (Musée Nationale de Céramique, Mi–Mo 8.30–12, 14.30–18 Uhr, Eintritt 10 DH) untergebracht, wo man die Keramik von Safi (traditionell in Blautönen) mit jener von Fès und Meknès vergleichen kann. Auch die Wehranlagen der **Médina**, in der das private kleine **Musée de Safi** einen Besuch lohnt (Rue du Pressoir, gegenüber der Grande Mosquée, tgl. 9–13, 15–19 Uhr, Tel. 06 68 13 78 72, Eintritt 15 DH, mit Führung 20 DH), erinnern an die Portugiesen.

Ansonsten wirken die Schlote des Chemiekombinats nicht gerade anziehend. Safi, Hauptstadt der gleichnamigen Provinz, besitzt einen wichtigen Handels- und Fischereihafen. Zu den Hauptexportgütern zählen Phosphat und Sardinen. Letztere finden sich stets frisch auf den Grills der zahlreichen kleinen »fritures de poisson« am nördlichen Ortsausgang in der Kurve der Straße nach El-Jadida. 142 km südwestl. von El-Jadida

ÜBERNACHTEN

Riad Safi

Historisches Stadthaus • Authentisch restauriert, die Räume farbenfroh getüncht und ausgestattet u. a. mit »zelliges« (Kachelmosaiken) und Schmiedeeisen, empfängt das einstige Sultansdomizil aus dem Jahr 1691 nun zahlende Gäste. 14, rue de l'Église (Médina) • Tel. 05 24 46 25 04 • www.riadsafi.fr • 5 Zimmer • €€

◎ **Sidi Abed** ► S. 152, A 11

Der rund 1,2 km lange Strand von Sidi-Abed, einem Fischerörtchen mit gleichnamigem Marabout, ist durch seine Brandung ein ideales Terrain für Surfer und Bodyboarder. Am Strand befinden sich Cafés und Restaurants. Im Rahmen des »Plan Biladi« zur Förderung des Inlandstourismus entstehen hier entsprechende umfangreiche Ferienanlagen. 36 km südwestl. von El-Jadida

Essaouira ► S. 150, C 5

80 000 Einwohner

Jimi Hendrix und die Generation der Hippies hievten das weiße, mauerumgürtete Hafenstädtchen in den Siebzigerjahren als Sehnsuchtsziel auf die touristische Landkarte Marokkos. Durch das geschickte Produktmanagement einiger kluger Köpfe – Förderung und Bekanntmachung der Maler von Essaouira, Gründung niveauvoller Festivals wie des »Alizés« und der Gnaoua-Klänge – machte die einstige portugiesische Atlantikfestung bald mehr und mehr von sich reden. Franzosen, Engländer, US-Amerikaner, Spanier, Italiener und auch einige Deutsche kauften sich in die Altstadt ein, eröffneten Cafés, Gästehäuser und kleine Luxushotels mit Hamam und Wellness-Angeboten. 2001 wurde Essaouira schließlich von der UNESCO zum Kulturerbe der Menschheit erklärt.

Im Rahmen des »Plan Azur« wurde im Jahr 2009 etwa 8 km südlich der Stadt am Atlantik der neue Golfplatz eingeweiht. Am 1. März 2011 folgte die Eröffnung des ersten Hotels der großen Touristikanlage mit dem Hotel **Sofitel Essaouira Mogador Golf & Spa**. Das Eco-Resort gehört zur Kette »Sofitel Luxury«. Alle 147 Zimmer und Villensuiten öffnen sich zum Ozean und zum Golfplatz. Zum weitläufigen Mogador-Komplex gehören auch zum Kauf angebotene Villen und Appartements.

Erstmals tritt der Name Amogdoul mit der phönizischen Migdol (Wachtturm) im 11. Jh. auf, wurde von den Portugiesen in Mogadouro, von den Spaniern in Mogador umgewandelt. Es gibt auch ein Berberwort »amegdul« (wohlbehütet). Am Ende der Uferstraße Mohammed V, ca. 2 km Richtung Agadir, erhebt sich der Marabout des Stadtheiligen Mogdoul.

Seine heutige Gestalt und den aktuellen Namen erhielt Essaouira (von »souirah«, arab. für Bild, Gravur, vollendete Zeichnung) übrigens erst im 18. Jh. Im Jahr 1760 beschloss der Alaouiten-Sultan Mohammed Ben Abdallah, die portugiesische Festung zu einer modernen Hafenstadt auszubauen. Seine Absicht war, den blühenden Handelsverkehr von Agadir nach Essaouira zu leiten, um mit dieser Maßnahme die revoltierenden Sous-Berber zu bestrafen. Unter der vielköpfigen Schar seiner Gefangenen fand der Sultan jenen Mann, der in der Lage war, sein visionäres Projekt in die Tat umzusetzen: den gut ausgebildeten und erfahrenen französischen Architekten Thédore Cornut. Fünf Jahre schufteten nun Tausende von Cornuts Mitgefangenen für die Entstehung der »Wohlgeplanten«.

Nicht vorgesehen waren seinerzeit natürlich die mit dem zunehmenden Tourismus benötigten Wassermengen – und so gibt es heute leider in Essaouira Probleme mit der Versorgung und der Kanalisation.

SEHENSWERTES

Hafen

Fischfang spielt nach wie vor eine große Rolle in Essaouira, und es werden hier immer noch Schaluppen aus Holz gebaut. Bei der Rückkehr der Schiffe ist früh am Morgen einiges los, der Fang wird meist gleich im Anschluss versteigert. Auf den Batterieterrassen **Scala du Port** oberhalb der **Porte de la Marine** (1779) hat Orson Wells 1952 Teile seines »Othello« gedreht. Hier eröffnet sich ein hinreißender Blick auf die Stadt und die nur 850 m südwestlich vom Leuchtturm entfernten Felseneilande, heute Vogelschutzgebiet. In der Antike hießen sie Purpurinseln, die Römer betrieben dort eine Purpurmanufaktur (tgl. 8.30–12, 14.30–18 Uhr, 10 DH).

Médina

Hinter ihrer mächtigen, gut 3 km langen Stadtmauer im lusitanischen Stil verlaufen die breiten, sich rechtwinklig schneidenden Straßen der pittoresken Médina. Hochbrüstige Häuser stemmen sich an ihren Seiten

Die spirituellen Tänze der Gnaoua und die einheimische Künstlerszene haben das Atlantikstädtchen Essaouira (▶ S. 58) international bekannt gemacht.

weiß in den Himmel, oft mit kleinen Ladenverschlägen im Erdgeschoss, deren blaue Holztüren und Klappen sich morgens wie Lider heben und erst spät am Abend wieder senken. Rote Tore, sandfarbene Arkaden und Bogendurchgänge durchbrechen den geometrischen Wegeplan; ein feines Gassengeäder setzt dazwischen hier und da einen orientalisch verspielten Kontrapunkt.

Fast nahtlos reihen sich Kunsthandwerks- und Babuschen-Lädchen aneinander, dazwischen Snacks, Galerien und Telefonboutiquen. Wo die Avenue d'Istiqual in die Avenue Zerktouni übergeht, liegt das kleine Rechteck des **Souks** mit winziger Fischhalle, umherflatternden Hühnern sowie einer Handvoll Gewürz- und Gemüseständе; der einstige Kornmarkt (Marché au Grain) gegenüber ist weitgehend von Cafés dominiert.

Scala de la Kasbah

Längs der Meeresmauer führt die schmale Rue de la Scuala zu den Geschützstellungen der Nordbastion. In Reih und Glied stehen hier oben am Ende der breiten Rampe die Bronzekanonen mit den Wappen von Kastilien und Aragon. Die wunderbare Aussicht aus dem offenen Rundturm über Stadt und Meer sollte man sich nicht entgehen lassen.

Zu seinen Füßen, in den Gewölben der ehemaligen Waffendepots, haben sich einige Souvenirverkäufer und Kunsttischler eingerichtet. Ihr Sortiment umfasst nahezu alles, was sich aus den Wurzelstöcken, Stämmen und Ästen des – inzwischen in seiner Existenz schon bedrohten – Thuja-Baums herstellen lässt, darunter Tischplatten, Schmuckkästchen, Bilderrahmen usw. Ihre Erzeugnisse werden im ganzen Land geschätzt.

MUSEEN

Musée des Arts et Traditions Populaires Sidi Mohammed Ben Abdallah

Regionale Volkskunst sowie Infos zur traditionellen Musik und über religiöse Bruderschaften (Gnaoua) im ehemaligen Amtssitz des Paschas. Derb Laâlouj, Rue Laâlouj • Mi–Mo 8.30–18.30 Uhr, manchmal Mittagspause 12–14 Uhr • Eintritt 10 DH

ÜBERNACHTEN

Villa Quieta

Palais mit Garten • Historisches Familiendomizil mit teils antikem Mobiliar, etwa 10 Min. zu Fuß vom Stadtzentrum in Strandnähe. 86, bd. Mohammed V • Tel. 05 24 78 50 04 • http://villa-quieta.com/ • 15 Zimmer • €€€

Dar L'Oussia

Diskreter Luxus • Schöne Terrasse mit offenem Blick auf Hafen und Ozean. Man spricht auch Deutsch! 4, rue Mohamed Ben Messaoud (Médina) • Tel. 05 24 78 37 56 • www. riad-darloussia.com • 12 Zimmer und 4 Suiten • €€

Riad Al-Zahia

Mit Meerblick • Angenehm helles, individuelles Dekor. Das Frühstück wird auf der Dachterrasse mit Sicht auf den Atlantik serviert. Der Name des Hauses bedeutet Lebensfreude! 4, rue Med. Diouri • Tel. 05 24 47 35 81 • www.riadzahia.com • 9 Zimmer • €€

Riad Baladin

Feinfühlig-persönlich • Kleiner und höher als die anderen Stadthäuser, in hellem Glanzputz. Mit engagiertem Inhaber-Service (Schweizerin). Nur weibliches einheimisches Personal. Rue Sidi Mogdoul 9 • Tel. 06 42 44 81 36 • www.riadbaladin.com • 6 Zimmer • €€

ESSEN UND TRINKEN

Dar Loubane

Außergewöhnliches Dekor • Authentische marokkanische Küche in einem Riad aus dem 18. Jh. – besonders romantisch bei Kerzenlicht. 24, rue du Rif (Médina) • Tel. 05 24 47 62 96 • €€

Taros

Stylish • Gekonnte Mischung aus Bar, Boutique, Galerie, Bibliothek und Restaurant à la marocaine mit Dachterrasse, französischer Küche und dem Cocktail »Sunset-Gnaoua«. Pl. Moulay el-Hassan • Tel. 05 24 47 64 07 • www.taroscafe.com • So geschl. • €€

EINKAUFEN

Ensemble Artisanale

Kooperativen fertigen und verkaufen Schmuck, Gewebtes und Artikel aus Thuja-Holz. Hier entstehen auch die geflochtenen Schuhe, die gleich ums Eck, bei Rafia Craft (82, rue d'Agadir), verkauft werden. 1, rue Mohammed el-Quri

SERVICE

AUSKUNFT

Syndicat d'Initiative

10, rue du Caire • Tel. 05 44 78 35 32, 05 44 47 38 19 • www.mogador-essaouira.com

VERKEHR

Gare routière

Av. 2 Mars, Ville nouvelle (nordöstl. des Bab Doukkala); ab Bab Marrakech Supratour-Busse von und nach Marrakech

Die Sultansstädte des Nordens

Rabat, Meknès, Fès – die Monarchen bauten ihre Sitze
prunkvoll aus. Die Metropolen der Idrissiden, Meriniden,
Alaouiten zählen zu den Höhepunkten jeder Marokko-Reise.

◀ Am Abend herrscht geschäftiges Treiben vor dem Bab Bou Jeloud (▶ S. 78), dem prächtigen Tor zur Altstadt von Fès.

Rabat ▶ S. 152, B 11

601 000 Einwohner

Stadtplan ▶ S. 65

Beflaggte schwarze Limousinen mit Chauffeur, unzählige Nummernschilder mit »CD« (Corps diplomatique), eskortierte Wagenkolonnen mit Polizeisirene ... ein Flair von Weltstadt durchzieht die mit Palmen, Gummibäumen und Terebinthen gesäumten Avenuen der Regierungshauptstadt. Augenfällig sind die vielen roten Fahnen mit grünem Pentagramm: Sie signalisieren Behörden. Und die Straßen beleben Gesichter aus aller Herren Länder.

Als Hauptresidenz des Königs, Sitz des Parlaments, der Botschaften und ausländischen Kulturinstitute, der Académie Royale, der Universität Mohammed V und zahlreicher Fachhochschulen hat die Atlantikstadt tagsüber einen hektischen Auto-, Bus- und Fußgängerverkehr zu bewältigen. Den zunehmenden Verkehr entlasten inzwischen ein wenig der recht kurze Oudaïa-Tunnel und der Einsatz einer Straßenbahn. Die Tramway Rabat-Salé (www.tramwayrabatsalé.com) hat zwei Linien und ist auf 20 km ausgelegt:

Linie 1: Université Souissi II – Cité Universitaire Agdal – Bab er-Rouah – Gare ferroviaire Rabat – Pl. Al Joulan – Tour Hassan – Pont Moulay Al Hassan – Gare ferroviaire Salé – Hay Karima (Terminus).

Linie 2: Hôpital Moulay Youssef (Hay Akkari) – Bab el-Had – Bab Chellah (längs der Médina-Mauer) – Rue Patrice Lumumba – Place Al Joulane – Tour Hassan – Pont Hassan II – Gare routière Salé (Terminus). Die Tram verkehrt von 6–23 Uhr, an Wochenenden auch bis 24 Uhr.

Fahrkarten gibt es ausschließlich an den rund 30 Haltestellen, entweder am Automat oder an einem kleinen Ticketkiosk. Für eine sichtliche Veränderung im Stadtbild sorgt auch die neue Uferpromenade mit ihren zahlreichen Cafés sowie das neue Jachthafenareal auf der Seite von Salé. Auch hippe Restaurants und teure Wohnungen entstanden dort.

SEHENSWERTES

Chellah ▶ S. 65, c 4

Verfallene Meriniden-Nekropole an der Stelle der einstigen Römersiedlung **Sala** (spärliche Ruinen). Der Eingang führt durch das imposante Winkeltor (das auf dem Recto der neuen 20-DH-Scheine abgebildet ist) im Schutzwall aus dem 14. Jh. Die ehemalige »zaouïa« wird überragt vom Minarett der **Ruinenmoschee Abou Youssef Yacoub** (1258–1286). Dahinter liegt das zerstörte Kuppelgrab des negriden Sultans Abou el-Hassan (1331–1351).

Wuchernder Bewuchs, eine zunehmende Anzahl von Storchennestern und drei Kubus-Marabouts verleihen dem zum Bou-Regreg-Tal geneigten Gelände einen Hauch von Mystik. Frauen mit Kinderwunsch rufen durch Geld- und Kerzenspenden die übernatürliche Kraft, die »Baraka«, des Heiligen am Quellbecken an oder waschen sich an der Quelle hinter dem Schilf. Haftet doch dem gesamten Umkreis eines Marabout die besagte »Baraka« an. Einst lebten Goldfische und Aale im Bassin, Symbole der Fertilität. Von April bis August erfüllt oft ein lautes Gekrächze den Hain: Ein Schwarm weißer Kuhreiher, der vom nahen Eukalyptuswald durch Abholzung vertrieben wurde, fand auf den Chellan-Bäumen neue Nistplätze. Oberhalb der römischen Überreste überblickt man das gesamte Gelände und das Bou-Regreg-Tal.

Schräg gegenüber dem Bab Zaër • tgl. 9–18 Uhr • Eintritt 10 DH

Kasbah des Oudaïa ▸ S. 65, a/b 1

Der idyllische Kern der Hauptstadt, auf dem Verso der neuen 20-DH-Scheine abgebildet. Im 10. Jh. errichteten islamische Glaubensbrüder auf dem Kliff über dem linken Bou-Regreg-Ufer ein »ribat« (Wehrburg), Sultan Yacoub el-Mansour ließ die mächtige Toranlage erbauen. Im 17. Jh. siedelten sich muslimische Flüchtlinge aus Andalusien in der Kasbah an, riefen die Republik Bou Regreg aus und betrieben die Seeräuberei. Moulay Ismaïl stationierte Militär des Oudaïa-Stammes in der Kasbah, daher ihr Name.

Schmale steile Gassen mit weiß getünchten und waschblau akzentuierten Kubenhäusern ziehen sich innerhalb der Kasbah-Mauern den Hang hinauf; am höchsten Punkt, in der Rue Jamaa, haben ein paar Snack- und Souvenir-Händler ihre Stände aufgebaut, linker Hand locken ein, zwei Galerien, und ganz am Ende des Sträßchens gelangt man zur alten **Semaphore-Terrasse**. An ihrer Ostseite steht ein ehemaliger Speicher aus dem Ende des 18. Jh., der heute eine Teppichknüpferei mit Schule beherbergt. Besucher können den Knüpferinnen bei der Arbeit zusehen, auch Teppiche erwerben. Von der niedrigen Ummauerung der Plattform aus schaut man auf einen im Sommer sehr belebten kleinen Strand, die Mündung des Bou Regreg mit seiner neuen Uferstraße, und auf die weiße Uferfront der Schwesterstadt Salé. Viele Einheimische flanieren hier gerne und steigen über breite Treppen hinunter an den Saum des Atlantischen Ozeans.

1915 legten die Franzosen innerhalb der Umwallung aus dem 17. Jh. einen **Jardin Andalous** an. Seine bunten Rabatten, rosa und weißer Oleander, Stechapfel und Washingtonien locken viele Rabatis und Touristen an. Durch einen Mauerdurchbruch gelangt man von dem romantischen Andalusischen Garten in das **Café Maure** mit seinen verschachtelten Terrassen. Bei Minztee und köstlichem Gebäck auf gemauerten und gefliesten Bänken oder blauen Holzhockern sitzend, hat man die Flussmündung und die Médina von Salé im Blickfeld. Unter den Fächerpalmen vor der Kasbah lässt sich in den Abendstunden oder an Feiertagen der Alltag der Rabatis erleben. Familien schwatzen im Schatten niedriger Palmen, Freundinnen scherzen miteinander und lassen ihre Hände mit einem Henna-»Tattoo« verzieren; die Jungs spielen Fußball oder kommentieren das Können der improvisierten Mannschaft.

Nordecke der Médina • tgl. 9–18 Uhr • Eintritt frei

Mausolée Mohammed V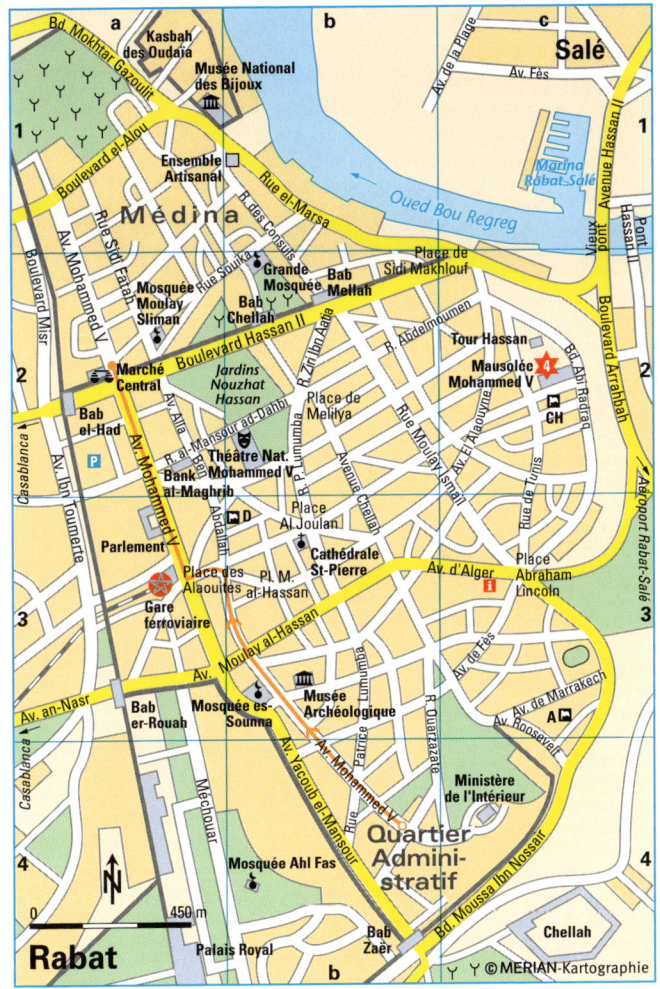

▶ S. 65, c 2

Eine der bedeutendsten Grabmoschee-Anlagen des islamischen Kulturkreises, errichtet nach den Plänen des vielfach preisgekrönten vietnamesischen Architekten Vo Toan und nach zehnjähriger Bauzeit 1971 vollendet. Unter Verwendung kostbarster Materialien und Hochtechnologie wurden die Stahlbetongerüste von den großen Meistern Marokkos neomaurisch verschalt. Die Südseite der zerstörten Hassan-Moschee aus dem 12. Jh. einnehmend, schlägt der dreiteilige Gebäudekomplex (Mausoleum, Freitagsmoschee, maurisches Peristyl) eine Brücke über acht

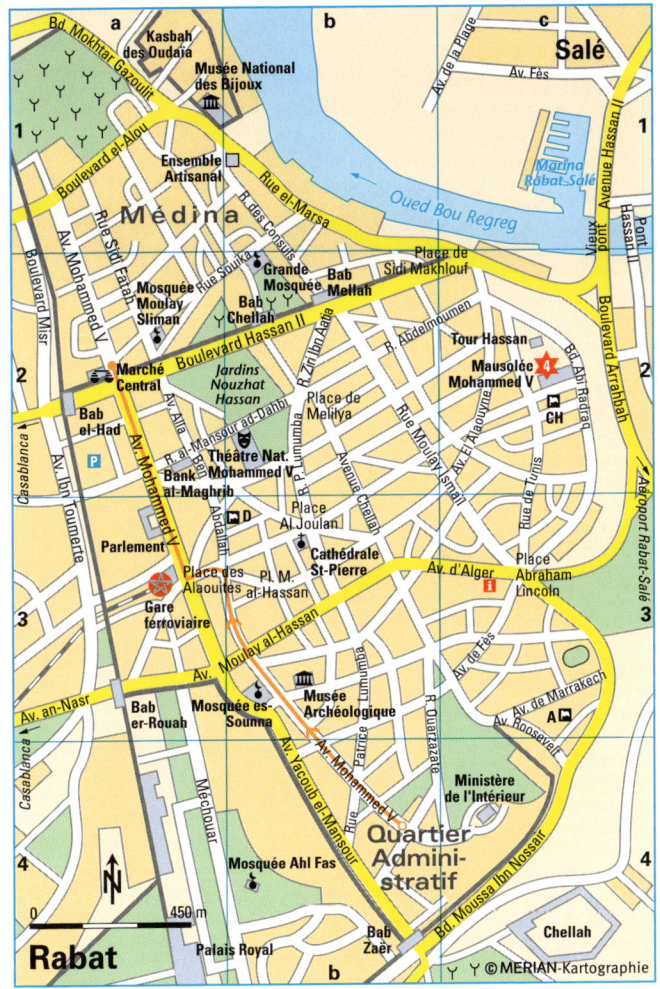

Ein massiver Mauerring umgibt die Kasbah des Oudaïa (▶ S. 64) über dem Ufer des Bou Regreg in Rabat. Links ist das mächtige Almohaden-Tor, Bab el-Kebir, zu sehen.

Jahrhunderte. Von der Innengalerie hat man einen fantastischen Blick auf die Sarkophage der Könige Mohammed V und Hassan II und von Prinz Moulay Abdallah, den 1983 verstorbenen Bruder von Hassan II. Im Ostteil der Neustadt • tgl. 9 Uhr–Sonnenuntergang • Eintritt frei

Médina   ▶ S. 65, a/b 1/2

Abseits der Hauptarterien irrt man auch hier durch ein verschachteltes Labyrinth von Engpässen. Rabats Médina, im 17. Jh. erbaut, um andalusische Flüchtlinge aufzunehmen, gibt sich noch sehr authentisch, denn der Handel ist auf eine lokale Kundschaft ausgerichtet. Laut preisen die Ladenbesitzer ihre Sonderangebote an, und frisch gebackene Nuss- und Mandelplätzchen wandern von den großen, noch ofenwarmen Blechen direkt in die Einkaufstaschen (oder gleich in den Mund). Neben den Aluminiumteekannen stapeln sich die Rinderhüften, hinter dem Kopftuchstand geht es zum Cyber-Café, Kaftane wetteifern mit Jeans und Turnschuhe mit Babuschen.

Hauptader der Médina in östlicher Richtung ist die geschäftige **Rue Souika**. Links zweigt von ihr die Rue des Consuls ab, in der einstmals die ausländischen Gesandten residierten. Ihre Häuser verfügten über Fenster zur Straße hin. Hier beginnt nun der Souk der Teppich- und Kunsthandwerksläden. In Höhe der weißen Mosquée du Souk (19. Jh.) passiert man rechts einen stillgelegten Zelliges-Wandbrunnen. Neben der Moschee die **Kissaria Nouvelle** in einem alten Fondouk. Am Eingang liegt die Pharmacie Souk Tahti (unterer Souk). Um den verwilderten Patio reihen sich Stoffläden und Werkstätten.

An der **Place de la Kasbah** am Ende der Rue des Consuls wurden einst die christlichen Piratenopfer potenziellen Käufern präsentiert. Von hier erblickt man die Mauern und das Almohaden-Tor der Kasbah des Oudaïa.

Palais Royal ▸ S. 65, a 4

Über den 1200 m langen »méchouar« (Paradeplatz) mit der Freitagsmoschee **Ahl Fas** gelangt man vor die Ostfassade der **Cité Royale**, gegründet 1864 durch Sidi Mohammed Ben Abd er-Rahman (keine Besichtigung möglich). Palastwachen, maurische Tore und lasierte Pyramidendächer lassen den Prunk erahnen, der sich hinter den Mauern entfaltet.
Im Süden der Neustadt

Tour Hassan ▸ S. 65, c 2

Das Vierkantminarett der unvollendeten Hassan-Moschee ist das Wahrzeichen der Hauptstadt. Der Almohaden-Herrscher Yacoub el-Mansour (1184–1199) gedachte sie für seine großzügige Residenzstadt Ribat el-Fath (Siegeslager) zu erbauen, doch er verschied vorzeitig. Der 44 m hohe Turm (geplant waren mehr als 80 m) galt als eine der drei Säulen des Almohaden-Reichs, zu denen das Minarett der Koutoubia-Moschee in Marrakech und die Giralda in Sevilla gehörten. Die verbliebenen Rundsäulen der 19-schiffigen Gebetshalle sowie Teile der Außenmauer vermitteln ein Bild von den Ausmaßen des Sakralbaus. Der Eingang zum Areal des Turms und des Mausoleums wird von einer prächtigen Reitergarde bewacht.
2001 wurde nördlich des Minaretts ein arabo-andalusischer Garten angelegt, nachempfunden den Alhambra-Gärten bei Granada.
Im Ostteil der Neustadt • Eintritt frei

MUSEEN

Musée Archéologique ▸ S. 65, b 3

Prunkstücke sind die hellenistischen Bronzeplastiken aus Volubilis in der **Salle des Bronzes**, darunter die Büste von Juba II, der Hund von Volubilis, ein Ephebe mit Efeukranz etc. Leider ist die Präsentation der Exponate im Museumsgebäude, das in den Dreißigerjahren nach dem Plan einer römischen Villa errichtet wurde, nicht mehr auf der Höhe der Zeit.
23, rue el-Brihi • Mi–Mo 9–16.30 Uhr • Eintritt 10 DH, Kinder 3 DH

Musée National des Bijoux ▸ S. 65, a 1

Glitzerndes Geschmeide hat in Marokko einen hohen Stellenwert – vor allem was den Brautschmuck betrifft. Ende 2006 wurde das erste Schmuckmuseum Marokkos eröffnet, untergebracht im maurischen Palais, das sich Sultan Moulay Ismaïl im 17. Jh. in der Kasbah des Oudaïa erbauen ließ. Ab 1915 hatte es als ethnografisches Museum gedient. Nun ist in fünf Ausstellungsräumen die Vielfalt der marokkanischen Schmuckkreationen zu bewundern.
Kasbah des Oudaïa • Mi–Mo 9–16.30 Uhr • Eintritt 10 DH, Kinder 3 DH

Villa des Arts ▸ S. 65, b 3

Nach gleichem Konzept wie in Casablanca ein Zentrum für Ausstellungen zeitgenössischer Kunst, Plastik und Fotografie sowie für Vorträge, Lesungen und andere Kulturveranstaltungen. Den eindrucksvollen Art-déco-Bau, ergänzt um Elemente moderner Architektur, umgibt ein schöner Garten mit Wasserspielen.
10, rue Beni Mellal/Ecke Av. Mohamed V • Di–So 9.30–19.30 Uhr • Eintritt frei

SPAZIERGANG

Stadtplan ▸ S. 65

Natürlich geht es wieder die omnipräsente **Avenue Mohammed V** entlang! Rabats Prachtstraße wurde 2004 effektvoll illuminiert, neu gestaltet und gefliest sowie mit Fontänen verschönert. Sie verbindet die Neustadt mit der Médina, reicht vom höher gelegenen **Quartier administratif** im Südosten 2,5 km weit hinab in die Altstadt im Nordwesten. Im betriebsamen Regierungsviertel stehen beachtenswerte Gebäude im Kolonialstil inmitten subtropischer Gärten.

An der Kreuzung mit der Avenue Moulay al-Hassan passiert man die **Mosquée es-Sounna**, die Freitagsmoschee aus dem 18. Jh. Ihr Vierkantminarett ist das Charakteristikum des Stadtkerns. Am Bahnhof beginnt der breite Mittelstreifen mit efeuumrankten Palmen. In den Auslagen unter den Pfeilerkolonnaden sieht man, was der Handel zu bieten hat. Prestigebauten aus dem Protektorat springen ins Auge: Parlament (links), Bank Al-Maghrib (rechts), Télécom und Poste centrale (links). Etwas weiter kreuzt der Boulevard Hassan II die Avenue. Am Eingang zur Médina liegt der geschäftige **Marché Central**. Hier kann man in einem der männerbesetzten Straßenlokale eine kleine Pause machen. Danach nimmt uns die Enge der Altstadt auf. Dauer: ca. 30 Min.

ÜBERNACHTEN

La Tour Hassan   ▸ S. 65, b 2

Maurische Tradition • Seit 1914 zählt das Haus zu den ersten der Stadt. Architektur, Ausstattung und der Andalusische Garten spiegeln das Flair eines Grandhotels. Neubautrakt, Fitnesscenter, Pool, schöne Restaurants.

26, av. Chellah • Tel. 05 37 23 90 00 • www.latourhassan.com • 139 Zimmer • €€€€

Le Pietri   ▸ S. 65, b 3

Bahnhofsnah • Renoviertes Drei-Sterne-Haus in ruhiger Lage. Zweckmäßig modern eingerichtet. Freitags und samstags Livejazz bzw. Fusion. 4, rue Tobrouk, Seitenstraße der Av. Moulay el-Hassan • Tel. 05 37 70 78 20 • www.lepietri.com • 35 Zimmer • €€

Riad Kalaa   ▸ S. 65, a 1

Design trifft Tradition • Sorgsam restauriertes, großzügig verschacteltes Médina-Haus von 1815 mit exquisiter Ausstattung. Table d'hôte, Pool auf dem Dach, Lesesalon, Hamam. 3–5, rue Zebdi • Tel. 05 37 20 20 28 • www.riadkalaa.com • 11 Zimmer und Suiten • €€

ESSEN UND TRINKEN

Dinarjat   ▸ S. 65, a 1

Orientalisches Flair • So hieß die Schwester der Scheherazade. Und man fühlt sich im Patio des alten Bürgerhauses auch richtig im Morgenland. 6, rue Belgnaoui (Médina, nahe Bd. el-Alou) • Tel. 05 37 70 42 39 • letzte Ramadan-Woche, Mouloud und Aïd el-Kebir geschl. • €€€

Borj Eddar   ▸ S. 65, a 1

Mit Atlantikblick • Das Mittelklasse-Lokal zählt zu den besten am Saum der Stadt. Atlantikfische, Hummer, Krabben, Langusten, Muscheln … Plage de Rabat, Sidi el-Yabouri (unterhalb der Oudaïa-Kasbah) • Tel. 05 37 70 15 00 • €€

Petit Beur   ▸ S. 65, b 3

Tajines und Wein • Bekannt auch als »Dar Tajina«, serviert das kleine Lo-

kal aber auch »pastilla« sowie andere Spezialitäten. Und schenkt Alkohol aus. Abends zeigen die Kellner mitunter, dass sie auch Musiker sind, und greifen zur Oud oder Derbouka.
8, rue Damas, hinter dem Hotel Balim • Tel. 05 37 73 13 22 • So geschl. • €€

Ty Potes ▶ S. 65, b 3
Crêperie-Épicerie • Original bretonische Fladen, Salate und mit Regionalprodukten (Käse, Wurst) belegte »tartines«, serviert in rustikalem Ambiente bzw. einem schönen Hofgärtchen. Eine kleine Abwechslung zu Tajine und Couscous.
11, rue Ghafsa, bei der Pl. Al Joulan, kurz hinter der Kathedrale • Tel. 05 37 70 79 65 • Di–Mi, So nur mittags, Do–Sa auch abends • €€

EINKAUFEN
Ensemble Artisanal ▶ S. 65, b 1
Ecke Rue des Consuls/Rue el-Marsa

Jazouli ▶ S. 65, b 1
Eine alteingesessene Weberdynastie stellt an elf Webstühlen in ihren Reihenlädchen ansprechende traditionelle Webwaren her, von Schals bis zu Bettüberwürfen nach Maß. Einen Tee gibt es als Zugabe.
Linker Engpass, kurz nach dem Souk Tahti, Rue des Consuls

Souvenirs ▶ S. 65, b 1
Die Reihenläden und Basare entlang der **Rue des Consuls** sind wahre Schatzkammern des Ali Baba.

SERVICE
AUSKUNFT
Délégation du Tourisme ▶ S. 65, c 3
22, av. d'Algier • Tel. 05 37 66 06 63 • E-Mail: dtrabat@menara.ma

VERKEHR
Bahnhof
Gare ferroviaire ▶ S. 65, a 3
Alle 30 Min. Züge nach Casablanca (ca. 1 Std.) sowie zahlreiche Verbindungen zum dortigen Flughafen (ca. 1,4 Std., umsteigen in Aïn-Sebaa).
Av. Mohammed V

Hassan-Turm (▶ S. 67) und Mausoleum werden von Reitergarden bewacht.

Fernbusbahnhof
Gare routière El Kamra
▶ S. 65, südwestl. a 4
5 km, Route de Casablanca, erreichbar mit Stadtbussen ab dem Bab-el-Had und dem Bahnhof • Tel. 05 37 79 58 16

Gare CTM ▶ S. 65, südwestl. a 4
Alle 30 Min. nach Tanger, sechs- bis siebenmal tgl. nach Fès und Meknès.
5 km, Route de Casablanca, ca. 300 m von der Gare routière El Kamra

MERIAN-Tipp

MOUSSEM DES CIERGES
▶ S. 152, B 10

Eine farbenprächtige Prozession der Hassouni-Chorfa, nach Teilnehmergruppen in traditionellen Gewändern geordnet, zieht vom Souk el-Kebir durch die Straßen der Médina von Salé. Barkenruderer tragen die von der Slaoui-Familie Chekrouni hergestellten, kunstvollen Wachskerzenlaternen, angeführt von Banner- und Weihrauchträgern. Die riesigen Kerzen werden im Mausoleum von Sidi Abdallah Ben Hassoun, dem Stadtheiligen von Salé, abgestellt, eine wird dem König geschenkt. Trommler, Flötenbläser, Schellen, tanzende Aïssaoua und Gnaoua sorgen für eine lärmende, mitreißende Stimmung. Festbeginn am Spätnachmittag einen Tag vor Mouloud (▶ S. 140); nächste Termine: 2014 um den 14. Jan., 2015 um den 3. Jan.

Ziel in der Umgebung
◎ **Salé** ▶ S. 152, B 10 und S. 65, c 1
900 000 Einwohner

Am rechten Ufer der Bou-Regreg-Mündung dehnt sich die Industrie- und Handwerksstadt Salé weit nach Nordosten aus. Sehenswert ist jedoch nur die ursprüngliche historische **Médina**. Mit dem »taxi collectif« oder dem Bus fährt man bis zum Bab Bou Haja oder mit der Tram zum Bab Fès bzw. dem Bahnhof und geht zu Fuß ins geschäftige Treiben der Médina. In der merinidisch ummauerten Altstadt steht die **Grande Mosquée**, gegründet durch Sultan Abou Yacoub Youssef (1163–1184). Gleich daneben befindet sich die **Medersa Abou el-Hassan** (1341). Ihr subtiler Flächenschmuck reiht die ehemalige theologische Hochschule unter die prächtigsten Medersen Marokkos.

Im Souk el-Kebir und Souk el-Ghezel erleben Sie Orient pur! Hier können Sie noch den Babuschenmachern über die Schulter schauen und sogar ein eigenes Paar nach Maß bestellen. Ein echtes Highlight haben die Slaouis 17 km nordöstlich an der Straße nach Kénitra aufzuweisen. Dort eröffnete 1996 das erste Privatmuseum Marokkos: **Musée Dar Belghazi**. In elf »Schatzkammern« sind die Sammlungen von vier Generationen der Fassi-Familie Belghazi zu bestaunen, Kleinode arabo-islamischer Kunst.

Seit seiner Gründung durch Zenata-Berber Anfang des 11. Jh. rivalisierte Sla – so nannten sie den Ort – mit der Schwesterstadt am jenseitigen Flussufer. Und es kam häufig zu heftigen Kämpfen. Durch Piraterie und einen regen Handel mit den europäischen Seehandelsnationen war Sla reich geworden. Erst 1627 durch das Bündnis mit Rabat im Rahmen der Bildung der Piratenrepublik verlagerte sich die Macht nach Rabat. Und als 1912 General Lyautey, der erste Generalresident Frankreichs des Protektorats, Rabat zur Hauptstadt machte, verlegte auch der Makhzen seinen Sitz von Fès nach Rabat. Heute gilt Salé als »Schlafstadt«, weil viele Slaouis tagsüber in Rabat arbeiten.

3 km nordöstl. vom Zentrum Rabats

ÜBERNACHTEN
Riad Dar Nawfal

Médina-Flair • Traditionelles historisches Stadthaus in einer strandnahen Altstadtgasse. Individuelle Zimmer, auch was die Größe anbelangt.

109, Rue Kadiri, Sale • Tel. 05 37 88
53 33 bzw. 06 61 37 72 60 • 5 Zimmer •
€/€€

EINKAUFEN

Complexe des Potiers El-Ouelja

Hinter dem modernen Flachbau des
Complexe Artisanale, wo Kunsthandwerk aus Salé und Rabat zu
festen Preisen angeboten wird – aus
Holz, Schmiedeeisen, Rohr oder
Ton –, öffnet sich auf einem mehrere
Hektar großen Gelände am Ufer des
Bou Regreg die Welt der Handwerker
(tgl. 9–18 Uhr). Gerne lassen sich die
meisten von ihnen bei der Arbeit zusehen. Neben modernen Gasöfen für
die feinere Keramik gibt es auch noch
die rauchenden traditionellen Öfen
für die derberen Gefäße. Schauen Sie
auch bei »Terres de Femmes« vorbei!
Sie halten die rustikale Töpfertradi-
tion Nordmarokkos lebendig.

3 km südöstl. der Médina von Salé, zu
erreichen per Bus Richtung Quartier
d'Oulja oder per Taxi

Meknès   ▶ S. 152, C 11

596 000 Einwohner
Stadtplan ▶ S. 73

Als drittälteste Makhzen-Stadt ist
Meknès eine wichtige Etappe im
klassischen Rundreiseprogramm. Besichtigt werden vor allem die Überreste der Kolossalbauten aus der Ära
von Moulay Ismaïl, der Meknès im
17. Jh. zu seiner Residenz ausbaute
und hier pompös Hof hielt. Sein von
einer 25 km langen Mauer umgeb-
ener Herrschersitz führte den Beina-
men »Maghrebinisches Versailles«.
Heute ist Meknès die Hauptstadt der
Region Meknès–Tafilalet, Sitz der
Universität Moulay Ismaïl, ein wichtiges Wirtschafts- und Handelszentrum mit Speiseöl- und Textilfabri-

ken sowie Kunstgewerbebetrieben.
Auch eine der größten Weinkelle-
reien Marokkos findet sich hier.
552 m ü. d. M. auf dem Meknès-
Saïss-Plateau gelegen, umgeben von
Weinbergen und intensiv genutztem
Agrarland, ist die Binnenstadt in üp-
piges Grün gebettet. Mit ihren 2 Mio.
Olivenbäumen nimmt die Wilaya
Meknès unter den Ölbaumregionen
Marokkos nach Marrakech, Fès, Taza
und Kénitra den fünften Platz ein.
Und schon die Meknassa-Berber
nannten im 11. Jh. ihre neu errichtete Siedlung »Meknassa ez-zitoun«
(Meknès zu den Oliven).
Wie alle Städte des Landes besteht
auch Meknès aus zwei wesensfrem-
den Bezirken: Médina und Ville nouvelle, getrennt durch das Boufekrane-Tal. Die Médina – am 19. Feb.
2010 in die internationalen Schlag-
zeilen geraten durch den Einsturz
des Minaretts der Berdaïne-Moschee,
der 41 Betende das Leben kostete –
wurde bereits im Jahr 1996 von der
UNESCO in die Liste des Weltkul-
turerbes aufgenommen.

SEHENSWERTES

Bab el-Mansour   ▶ S. 73, b 3

Das Monumentaltor, der größte Torbau des gesamten Maghreb, bildete
den repräsentativen Hauptzugang zur
Ville impériale Moulay Ismaïls, die
sich einst südlich davon ausdehnte.
In dem Vers aus blauen Glasurbuch-
staben, der als Fries unterhalb der
Blendzinnen verläuft, findet sich die
Jahreszahl 1732 als grün gestaltetes
Hedschra-Datum (1144), Zeitpunkt
der Vollendung des Prunktors durch
Ismaïls Sohn, Moulay Abdallah. Die
seitlich vorspringenden Pfeiler zieren
Marmorsäulen aus der antiken Römerstadt Volubilis.

Seit 1995 wird das Bab el-Mansour für Kunstausstellungen genutzt.

Ismaïls Ville impériale war einst ein dreifach ummauerter Palastbezirk. Außer dem **Dar-Kebira-Komplex** bestand die »Kaiserstadt« aus weiteren Palästen mit den Harems seiner 500 Frauen (die ihm 800 Kinder gebaren), aus Palastgärten, Pavillons und Residenzen hoher Staatsbeamter. Daneben aus **Kasbahs** zur Stationierung eines Teils seiner 150 000 Mann starken Armee und seiner berühmten »Negergarde« aus riesigen Pferdestallungen, Speichern und Arsenalen. Nur Ruinen sind von der überdimensionalen Welt Moulay Ismaïls (1672–1727) erhalten. Sie sind eindrucksvoll genug. In dem historischen Rahmen, ismaïlisch ummauert, liegt seit 1971 der Royal Golf (9 Loch) mit Pforte zum Königspalast.

Dar el-Ma und Heri es-Souani

> S. 73, südl. c 3

Ende des 17. Jh. aus Lehm errichtetes Wasserhaus mit Getreidespeicher. In einem Silo des Dar el-Ma befindet sich ein Schöpfrad (»noria«). Von Kamelen angetrieben, holte es einstmals Wasser aus einem 40 m tiefen Brunnen. Vom Südwesttrakt des Heri haben sich noch mächtige Pfeilerarkaden erhalten. Hier drehte Martin Scorsese 1988 einige Szenen zu seinem Film »Die letzte Versuchung Christi«. Neben dem Heri liegt das ismaïlische Wasserbecken Aguedal.
Tgl. 9–12 und 15–18 Uhr • Eintritt 10 DH

Koubbat as-Soufara   > S. 73, b 3

In dem maurischen Arkadenpavillon empfing Moulay Ismaïl die Gesandten. Unterhalb der Esplanade verbirgt sich ein feuchter Gewölbekerker, in dem der Despot seine Gefangenen in Ketten hielt.
Tgl. 9–12 und 15–18 Uhr • Eintritt 10 DH

Mausolée Moulay Ismaïl

> S. 73, b 3

Die aufwendige Grabmoschee, gegründet von Moulay Ahmed Ben Ismaïl ed-Dahbi, einem Sohn des Sultans, ist eine Hauptattraktion für Pilger und Touristen. Bereits die Gestaltung des Prunktors zeugt von der Prachtentfaltung im Inneren. Nichtmuslime dürfen (ohne Schuhe) an der Schwelle des Vorraumes in den überkuppelten Grabraum blicken.
Tgl. 9–12, 15–18 Uhr, während des Freitagsgebets von 10–15 Uhr kein Zutritt • Eintritt frei

Medersa Bou Inania   > S. 73, b 2

Der herausragendste Kulturbau der Altstadt aus der Zeit vor Moulay Ismaïl. Errichtet während der Blüte des hispano-maurischen Stils, unter der Herrschaft der Meriniden-Sultane Abou el-Hassan (1331–1351) und Abou Inan (1348–1358), zählt die einstige Koranschule mit ihrem schönen Hof zu den prächtigsten theologischen Hochschulen Marokkos.
Rue es-Sebbat • tgl. 9–12, 15–18 Uhr • Eintritt 10 DH, Kinder 3 DH

MUSEEN

Musée Dar Jamaï   > S. 73, a/b 2

Im Haus des Jamaï, einer vornehmen Residenz des Großwesirs Mohammed Ben Larbi Jamaï zur Zeit von Hassans I. (1873–1894), beeindruckt nicht nur die erlesene Sammlung überregionaler Volkskunst, sondern ebenso der maurische Dekor. Insbesondere die repräsentative **Salle de réception** im Obergeschoss und die

Wohngemächer des Wesirs gewähren einen guten Einblick in die Wohnkultur hoher marokkanischer Würdenträger vor der französischen Protektoratsherrschaft.

Pl. el-Hédim • Mi–Mo 9–16.30 Uhr • Eintritt 10 DH, Kinder 3 DH

Musée de la Poterie du Rif

▸ S. 73, südl. b 3

Zur Zeit Moulay Ismaïls war die Bastion ein Teil des Verteidigungssystems der Ville impériale. Seit dem Jahr 2004 werden darin Töpferwaren aus prähistorischer, vorislamischer und islamischer Zeit bis zu den Alaouiten aus dem Rif und Prärif ausge-

stellt. Von der Dachterrasse lassen sich Teile der Altstadt und der Médina von Meknès erspähen.

Borj Belkari • Mi–Mo 9–16.30 Uhr • Eintritt 10 DH, Kinder 3 DH

SPAZIERGANG

Stadtplan ▸ S. 73

Unseren kurzen Bummel durch die Médina starten wir an der populären **Place el-Hédim**, dem pulsierenden Herzen der Altstadt. Begrenzt wird dieser weitläufige Platz im Südosten vom **Bab el-Mansour**, im Südwesten von den Markthallen, und an der nordwestlichen Schmalseite erhebt sich das **Musée Dar Jamaï** (▸ S. 72)

mit seinem maurischen Wandbrunnen aus dem Jahr 1914.

Der Médina-Erkunder gelangt durch die Rue Sidi Amar Bou Rouda zur **Grande Mosquée**, gegründet im 12. Jh., 1695 durch Moulay Ismaïl renoviert. In der Rue es-Sebbat bannt das bronzebeschlagene Pruntkor der **Medersa Bou Inania** den Blick. Die Rue es-Sebbat und ihre Verlängerung, Souk en-Nejjarine, bilden die belebte Hauptader der Altstadt. An der Nejjarine-Gasse steht die gleichnamige Almohaden-Moschee aus dem 12. Jh., unter dem Alaouiten Sidi Mohammed Ben Abdallah 1756 renoviert. Durch das **Bab Berrima** (mit Stoffmarkt und gleichnamiger Moschee aus dem 18. Jh.) verlassen wir die Médina. Über die geschäftige Ladenstraße Skakine gelangt man zurück zum Ausgangspunkt.
Dauer: ca. 1 Std.

ÜBERNACHTEN

Palais Didi ▶ S. 73, c 3

Sultanspracht • Einstiger Pavillon Moulay Ismaïls, prunkvoll zum Riad umgestaltet. Im Blickfeld hat man das Mausoleum, den Golfplatz und die mächtigen Stadtmauern.
30, derb Hamam Moulay Ismaïl, Dar Kebira • Tel. 05 35 55 85 90 • www.palaisdidi.com • 12 Zimmer und Suiten • €€

Riad Anne de Meknes ▶ S. 73, a 1

Weitblick • Geschmackvoller kleiner Riad mit einer der höchsten Terrassen der Stadt, Salons und Suiten.
4, derb Sidi M'Barek, Bab Bardaïne • Tel. 06 79 15 63 38 • www.riadanne demeknes.com • 5 Zimmer • €€

Riad d'Or ▶ S. 73, b 2

Médina-Gästehaus • Prachtvolle Stuckarbeiten, Fliesen und Malerei-

Ein wahres Kleinod maurischer Ornamentik: Das Bab el-Mansour (▶ S. 71) bildet mit seinen Schmuckbändern und Hufeisenbogen das Eingangstor zur Ville impériale.

en. Die Zimmer sind hübsch dekoriert, doch der Muezzin-Ruf einer nahen Moschee kann nachts stören.
17, rue Aïn el-Anboub (an der Ecke zur Rue Lalla Aïcha Adouia) • Tel. 05 35 53 38 71 • www.riaddor.com • 11 Zimmer • €

ESSEN UND TRINKEN
Le Collier de la Colombe
▸ S. 73, c 2

Pastilla mit Aussicht • Zur internationalen und marokkanischen Küche und dem neomaurischen Dekor gesellt sich der schöne Panoramablick auf das Boufekrane-Tal.
67, rue Driba, nördl. der Jemâ Lalla Aouda • Tel. 05 35 55 50 41 • €€

Zitouna
▸ S. 73, b 2

Ohne Alkohol • Im alten maurischen Bürgerpalast bedienen Kellner in traditioneller Tracht. Man speist klassisch marokkanisch.
44, rue Jemâ Zitouna, nördl. der Moschee • Tel. 05 35 53 02 81 • €€

EINKAUFEN
Ensemble Artisanal   ▸ S. 73, a 3
Bd. Zine el-Abidine, Quartier Riad

AM ABEND
Hotel Bab Mansour
▸ S. 73, östl. c 1

Im Nachtclub wird arabische Livemusik geboten. Zwangloses Ambiente.
38, rue Emir Abdelkader (Neustadt) • Tel. 05 35 52 52 39 • ab 23 Uhr

SERVICE
AUSKUNFT
Délégation du Tourisme
▸ S. 73, östl. c 2
Pl. Administrative (Pl. de l'Istiqlal) • Tel. 05 35 52 44 26 • E-Mail: dtmeknes @menara.ma

VERKEHR
Bahnhof
Gare Meknès-Ville ▸ S. 73, östl. c 2
Rue de la Gare (ca. 1 km östl. der Ville nouvelle)

Gare Abdelkader   ▸ S. 73, östl. c 1
Alle Direktzüge von/nach Fès, Casablanca/Rabat, Tanger oder Marrakech halten auch hier (nur Ticketautomaten, keine Gepäckaufbewahrung).
Rue Emir Abdelkader (Ville nouvelle, 1 km nordöstl. der Pl. de l'Istiqlal)

Fernbusterminal
Gare routière CTM ▸ S. 73, östl. c 2
43, av. Mohammed V • Tel. 05 35 52 25 85

Gare routière principale
▸ S. 73, südwestl. a 3
Lokale Anbieter, u. a. nach Volubilis. In der Nähe des Bab el-Khemis

Ziele in der Umgebung
◎ **Moulay Idriss**   ▸ S. 152, C 10
13 000 Einwohner

Bedeutendster Wallfahrtsort Marokkos. Hier ruht Idriss I, Gründer des ersten arabo-islamischen Staates auf marokkanischem Boden. Ganzjährig strömen Pilger zur Verehrung des Nationalheiligen in die sakrosankte Islamstadt. Wer siebenmal hierher pilgert, kann damit die teure Wallfahrt nach Mekka ersetzen, welche eines der fünf Gebote des Islam ist.
Mit den grün lasierten Ziegeldächern prägt das prunkvolle Heiligtum (»zaouïa«) die 1200 Jahre alte Siedlung am Hang der Zerhoun-Berge. Freitagsmoschee, Pilgerräume, Arkadenhöfe und Nutzgebäude fügen sich zu einem eindrucksvollen Komplex, der sein derzeitiges Aussehen Sultan Moulay Ismaïl (1672–1727) verdankt.

Schlichte, familiäre Maisons d'hôtes laden zum Verweilen ein, z.B. **Dar Diafa Slimani**, 39, derb Drazat, Hay Al Hofra, Tel. 05 35 54 47 93, €, oder **La Colombe Blanche**, Derb Zouak, Hay Tazgua, Tel. 05 35 54 45 96, www.maisondhote-zerhoune.ma, €.

Auf der Aussichtsterrasse neben der **Moschee Sidi Abdallah el-Hajjam** genießt man einen herrlichen Panoramablick über die Stadt, und die Ladengassen im **Tazgua-Viertel** laden zum Bummeln ein. Insbesondere die Webstoffe präsentieren sich ausgesprochen schön. Ein Tipp für Marktfans: Jeden Samstag treffen sich Großhändler und Berber aus dem Zerhoun-Gebirge zum Souk. Zentrum ist die Place Khiber, wo das Vieh zum Verkauf angeboten wird.

27 km nördl. von Meknès

◎ Volubilis ⭐ ▸ S. 152, C 10

Die wichtigste antike Ausgrabungsstätte des Landes war von 40 n.Chr. bis ins 3. Jh. Verwaltungszentrum der römischen Provinz Mauretania Tingitana und erlebte ihre Blüte Ende des 2. und Anfang des 3. Jh. Die von französischen Archäologen seit 1915 zum Teil rekonstruierten Überreste versetzen in eine römische Provinzstadt mit Kapitol, Forum, Basilika, Triumphbogen, Thermen und Atriumhäusern. Die UNESCO hat Volubilis zum Weltkulturerbe erklärt.

WUSSTEN SIE, DASS …

… die Samenkörner des Johannisbrotbaums, von dem in Volubilis einige Exemplare wachsen, in der Antike als Wägeeinheit für Gold benutzt wurden? Denn die harten Kerne haben ein recht konstantes Durchschnittsgewicht.

Den Wohlstand der einstigen 12 000 Bewohner bezeugen die hier gefundenen Bronzeplastiken, die nunmehr die Glanzstücke des Archäologischen Museums in Rabat (▸ S. 67) bilden, sowie herrliche Bodenmosaiken (tgl. von Sonnenaufgang bis Sonnenuntergang, im Juli/August ab 7 Uhr; Eintritt 10 DH).

27,5 km nördl. von Meknès

ÜBERNACHTEN

Volubilis Inn

Antiken-Blick • Einzigartige Lage nahe der Ruinenstätte. Von den Balkonzimmern schaut man direkt auf das Ausgrabungsgelände, und im Pool kann man sich erfrischen.

Douar Fertassa, zw. Moulay Idriss und Volubilis • Tel. 05 35 54 44 05 • www.hotelvolubilisinn.com • 48 Zimmer und 4 Suiten • €€€

Chez Hassan Khatri

Landhäuschen • Ein Gîte mit Blick auf Volubilis, das Eigentümer Hassan mit seinen eigenen Flechtarbeiten und Töpferwaren aus den Nachbardörfern dekoriert hat. Seine Frau Khadija kocht für die Gäste, er lädt zu Wanderungen ein.

Douar Fertassa, bei Volubilis • Tel. 06 74 57 53 57 • 3 Zimmer • €

◎ Zerhoun-Gebirge ▸ S. 152, C 11

Der Ausflug ins urwüchsige Zerhoun-Massiv nördlich von Meknès ist ein Erlebnis. Das Jurakalkgebirge mit den silbrigen Ölbaumhängen und Mischwäldern auf dem Gipfel erhebt sich bis auf 1118 m. In Moulay Idriss steigt eine geteerte Straße über den Nordhang zu den Dörfern der Südflanke hinab: In **El-Merhasiyne** steht der Marabout des M'Ha-

Blick vom Tanger-Tor auf den Triumphbogen von Volubilis (▶ S. 76). Die römische Ruinenstätte am Fuß des Jbel Zerhoun zählt seit 1997 zu den Kulturschätzen der Welt.

med Bel Arbi, in **Sidi Ali** die Grabmoschee des Gründers der wilden Hamadja-Sekte, Sidi Ali Ben Hamdouch. Ab Sidi Ali stößt man wieder auf die N 13 nach Meknès.
Rundfahrt von ca. 70 km

Fès
▶ S. 153, D 11

1 072 000 Einwohner
Stadtplan ▶ S. 79

»Athen Afrikas« und »Jerusalem des Okzidents« lautete lange Zeit der Beiname dieser 809 von Moulay Idriss II gegründeten Siedlung, der ältesten der vier Makhzen-Metropolen. Wissenschaft und Glaube galten als ihre wichtigsten Säulen; die berühmte **Karaouine Universität** ist eine der ältesten Hochschulen der Welt.
Jüdische, christliche und muslimische Flüchtlinge aus Tunesien und Cordoba zählten mit den Berbern aus dem Dorf am gegenüberliegenden Flussufer zu den ersten Bürgern von Fès; sie legten den Grundstein für die vielfältige, bis heute im Land einzigartige Kultur der Stadt und ihren Alltag, geprägt von gegenseitiger Toleranz. Südwestlich des historischen Kerns, **Fès el-Bali** , den die UNESCO 1981 zum Weltkulturerbe erklärte, errichteten die Meriniden im 13. Jh. **Fès el-Jedid**, an das sich südlich die **Ville nouvelle** anschließt (20. Jh.), begonnen in der Zeit des französischen Protektorats.
Heute ist Fès (das bereits im 14. Jh. 200 000 Einwohner zählte, ebenso viele wie 1970!) nicht nur das Paradebeispiel einer mittelalterlichen orientalischen Siedlung, sondern auch die zweitgrößte Stadt Marokkos (nach Casablanca), ein wichtiges Industrie-, Handels- und Kunsthandwerkszentrum sowie Hauptstadt der Region Fès–Boulemane.

... es zwei Erklärungen für den Namen Fès gibt? Einer stützt sich auf die Legende, dass eine Taube (arab. »fa's«) den Bau der Stadt begleitete. Der zweite orientiert sich am Gedanken der »reinen« rechten Hand. Die Berber nannten die muslimischen Erbauer daher »Rechtshänder« – Fasiyen.

Vom Sanierungseifer wurde auch die Idriss-Stadt erfasst: Im Januar 2007 initiierte Mohammed VI das Projekt »Vision Fès 2015« mit dem Ziel, die Übernachtungszahlen zu steigern.

SEHENSWERTES

Fès el-Bali 6   ▸ S. 79, b/c 1

In der Südwestmauer von Fès el-Bali öffnet sich das **Bab Bou Jeloud**, ein im Jahr 1913 nach maurischem Vorbild errichtetes Schmucktor. Nach Durchschreiten des Tors beginnt die exotische Welt des arabischen Mittelalters. Hier führen die belebten Gassen Talaa Seghira und die schilfgedeckte Talaa Kebira in das verschachtelte Zentrum von Fès el-Bali mit seinen berühmten Moscheen, Medersen, Museen und ungemein quirligen Souks, z. B. dem Souk el-Henna (Henna-Markt) mit allen möglichen Heilpflanzen und Essenzen.

Durch die schmalen, oft abschüssigen bzw. aufsteigenden Souk-Gassen drängen immer wieder schwer bepackte Esel mit Brennholz, Gasflaschen, Möbelstücken und anderem Alltagsgut. Händler und Ateliers reihen sich dicht an dicht – mehr als 50 Handwerksberufe, so heißt es, werden in der Médina regelmäßig ausgeübt. So spielt etwa die Leder- und Holzverarbeitung nach wie vor eine

wichtige Rolle; der Babuschen-Souk und die Tischler, Schnitzer, Moucharabieh-Drechsler zeugen davon.

Alt-Fès erstreckt sich über eine Fläche von nahezu 3 qkm und gilt damit als die größte Médina der Welt. Nach der Abwanderung zahlreicher Fassis im Zuge der Unabhängigkeit Marokkos (es zog sie nach Casablanca oder Rabat) begann das Ensemble allerdings zu verfallen. Die neuen Bewohner zweckentfremdeten die Häuser, und notwendige Reparaturen wurden nicht oder nur oberflächlich ausgeführt. Nach dem Hilferuf eines UNESCO-Direktors wurde ein Programm zur Rettung der historischen Altstadt erstellt. In seinem Rahmen begann man, die Bevölkerungszahl des Viertels zu regulieren und einen Teil jener Handwerksbetriebe, die für Umweltbelastungen sorgten, vor die Mauern der Médina zu verlagern. Im Rahmen dieser Aktion wurden die berühmten Keramiker von Fès einschließlich der Zelligeure (Hersteller der glasierten bunten Mosaikkacheln) ins Viertel Benjellik umgesiedelt, die Kupfer- und Messingschmiede sowie die mit Chrom arbeitenden Gerber ins neue Quartier artisanal Aïn Nokbi beim Bab Ftouh (Südosttor). Mit Unterstützung von Mäzenen und internationalen Fonds wurde zudem die Restaurierung von Häusern und Wandbrunnen in Angriff genommen sowie eine zeitgemäße Kanalisation eingerichtet.

Mausolée Idriss II   ▸ S. 79, c 1

Ein sakrosanktes Nationalheiligtum (»zaouïa«). Hier ruht Idriss II (9. Jh.), der Stadtgründer und Schutzheilige von Fès. Sein Vater, Idriss I, gründete den ersten arabo-islamischen Staat auf marokkanischem Boden. Sein derzeitiges Aussehen erhielt der herausragende Kultbau im 18. Jh.

Medersa Attarine ▶ S. 79, c 1

Kleinod der merinidischen Koranschulen, errichtet unter Sultan Abou Saïd in den Jahren 1323 bis 1325. Nach fast vierjähriger Renovierung seit Anfang 2010 wieder geöffnet.
Tgl. 9–12, 15–18 Uhr • Eintritt 10 DH

Medersa Bou Inania ▶ S. 79, b 1

Die ehemalige theologische Hochschule entstand während der Herrschaft des Meriniden-Sultans Abou Inan (1348–1358), der Glanzzeit maurischer Kunst im Maghreb. Ihr subtiler Flächenschmuck stellt sie ästhetisch unter den theologischen Hochschulen Marokkos an die Spitze.
Tgl. 8.30–17.30 Uhr, während des Freitagsgebets zwischen 10 und 15 Uhr keine Besichtigung • Eintritt 10 DH

Mosquée Karaouine ▶ S. 79, c 1

Zusammen mit der Azhar-Universität in Kairo die weltweit älteste islamisch-theologische Hochschule und größte Freitagsmoschee von Fès. 862 von einer Karouanerin als bescheidene Bethalle gestiftet, entwickelte sie sich zu einer maurischen Sakralbauanlage mit 14 Toren. Die 16-schiffige Gebetshalle bietet insgesamt 20 000

Gläubigen Platz. Die im 13. Jh. angelegte Bibliothek bewahrt wertvolle
Kalligrafien und Pergamente.

Place Nejjarine   ▸ S. 79, c 1

Den Platz umgeben die Werkstätten
der Holzhandwerker – »nejji« ist das
arabische Wort für Sägemehl. Ihn
prägen die entzückende Wandbrun-
nenanlage (1711) mit grünem Ziegel-
vordach und buntem Fayencedekor
sowie das Prunktor des »fondouk«
(Herberge für Kaufleute und ihre
Tragtiere; seit 1998 das Museum für
Holzschnitzkunst). 1999 stiftete Marokko ein Replikat des Brunnens für
die Marokkanergasse in Wien.

Tanneries   ▸ S. 79, c 1

Die **Tanneries Chouara** im nördlichen Kairouan-Viertel sind die größten und bekanntesten **Gerbereien**
von Fès. Der beste Blick auf die Farb-
wannen bietet sich von der Terrasse
eines Lederwarengeschäfts (10 DH);

alle Guides und Straßenjungen kennen die Adresse. Weniger frequen-
tiert sind die **Teinturiers Guerniz**
(Färber) nahe der Place Nejjarine.
Hier sind die Bottiche nicht so farbenfroh gefüllt, man erkennt aber
zahlreiche Häute und Wollstränge,
die über den Mauern zum Trocknen
aufgehängt sind.

MUSEEN

Musée des Arts et Métiers du Bois   ▸ S. 79, c 1

Der restaurierte Fondouk des frühen
18. Jh. mit herrlich geschnitzter Galerie und Dachterrasse beherbergt
seit 1998 ein sehenswertes privates
Museum für Holzschnitzkunst.
Pl. Nejjarine • tgl. 10–17 Uhr •
Eintritt 20 DH

Musée du Batha   ▸ S. 79, b 1

In der einstigen, inzwischen etwas
heruntergekommen wirkenden Wesirresidenz aus dem späten 19. Jh. fas-

Die grünen Ziegel der Karaouine-Moschee (▸ S. 79) verweisen auf die Farbe des Islam.
Die angeschlossene theologische Hochschule gilt als geistiges Zentrum des Landes.

zinieren neben erlesenen Exponaten marokkanischer Volkskunst auch die prächtigen Zedernholzdecken und die glasierten Kachelfußböden.

Fès el-Bali • Mi–Mo 9–16.30 Uhr • Besichtigung nur mit Führung (10 DH, Kinder 3 DH)

SPAZIERGANG

Stadtplan ► S. 79

Nicht immer beschriften die Fassis ihre Straßen sowohl in Arabisch als auch in Französisch; trotzdem findet man sich im Zentrum der Neustadt zurecht. Denn auch in Fès heißen die wichtigsten Straßenzüge **Boulevard Mohammed V** und **Avenue Hassan II**. Die zweibahnige Prachtstraße Hassan II ist am breiten Mittelstreifen mit Fontänen und der Doppelreihe von Dattelpalmen zu erkennen. Alte Platanen beschatten die Bürgersteige.

Wir starten am Kreuzungspunkt mit der Avenue des FAR, am Hotel Royal Mirage, und bummeln die Avenue Hassan II Richtung Nordosten entlang. Die verkehrsreiche Avenue säumen Terrassencafés und Verwaltungsgebäude im Kolonialstil. Bei der Post biegen wir rechts in den Shopping-Boulevard Mohammed V ein. Hier wandelt man unter kleinblättrigen Ficus-indica-Gummibäumen.

Dauer: ca. 15 Min.

ÜBERNACHTEN

Maison Bleue ► S. 79, b 1

Médina-Luxus • Ein Ensemble aus drei restaurierten Patio-Häusern des 19. Jh. direkt gegenüber dem Musée du Batha, exquisit ausgestattet und mit Pool, Spa sowie Lounge fast schon ein Boutique-Hotel.

33, derb Miter, Talaa Kebira • Tel. 05 35 74 18 39 • www.maisonbleue.com • 2 Zimmer und 11 Suiten • €€€€

MERIAN-Tipp

RESTAURANT AL-FASSIA
► S. 79, c 1

Filigrane Gipsstukkatur an den Wänden, Fayencemosaiken, eine farbige Schnitzdecke aus Zedernholz, die vor Staunen das deliziöse Essen kalt werden lässt ... Im **Al-Fassia** des Hotels Palais Jamaï speist man mit aller Kultur. 1879 ließ sich der Premierminister von Hassan I, Mohamed Ben Larbi Jamaï, hier einen Pavillon bauen. Daraus entstand später das Hotel.

Fès el-Bali, Bab Guissa • Tel. 05 35 63 43 31 • €€€

Palais Jamaï ► S. 79, c 1

Orientalischer Palast • Einstige Wesirresidenz (19. Jh.). Pool im andalusischen Garten, traumhafte Suiten.

Bab Guissa (Fès el-Bali) • Tel. 05 35 63 43 31 • www.sofitel.com • 142 Zimmer • €€€

Riad Louna ► S. 79, b 1

Maurisches Dekor • Kleines Gästehaus von 1839 mit grünem Springbrunnen-Patio. Herzlicher Empfang.

21, derb Serraj, zwischen Bab Bou Jeloud und Musée du Batha • Tel. 05 35 74 19 85 • www.riadlouna.com • 2 Zimmer und 4 Suiten • €€

ESSEN UND TRINKEN

La Kasbah ► S. 79, b 1

Beste Souk-Lage • Ein guter Ort, um Menschen zu beobachten, Tee zu trinken oder Tajine zu essen. Der Service ist gewöhnungsbedürftig, dafür gibt es einen Blick auf das Stadttor.

Fès el-Bali, gegenüber dem Bab Bou Jeloud • €

EINKAUFEN

Fès ist die traditionelle Kunsthandwerksmetropole. In den unzähligen Basaren und Lädchen entlang der **Rue Talaa Kebira** (▸ S. 79, c 1) und deren Seitengassen gibt es Souvenirs in überquellender Fülle.

»Geometrische Rosen« zieren die Prunktore des Königspalasts in Fès.

Ensemble Artisanal ▸ S. 79, a 3
Av. Allal Ben Abdallah, im Palais des Congrès (Ville nouvelle)

SERVICE

AUSKUNFT
Délégation du tourisme ▸ S. 79, a 3
Pl. de la Résistance • Tel. 05 35 62 34 60 • E-Mail: dtfes@menara.ma

VERKEHR
Bahnhof
Gare ferroviaire ▸ S. 79, a 2
Gute Verbindungen bestehen mehrmals täglich nach Meknès, Casablanca und Rabat, aber auch nach Marrakech und Tanger.
Pl. du Roi Faycal (Ville nouvelle) • Tel. 05 35 62 51 32

Fernbusterminal
Gare routière CTM ▸ S. 79, südl. b 3
Direkter Nachtbus nach Casablanca, morgens und abends nach Marrakech (via Ifrane, Azrou, Khenifra, Beni-Mellal). Es gibt außerdem mehrere Tagesverbindungen u. a. nach Chefchaouen, Tétouan, und Tanger.
Rue Saidia, gegenüber der Moschee Ibn Tachfine (Ville nouvelle) • Tel. 05 35 73 29 92, 05 22 43 82 82

Gare routière principale
▸ S. 79, b 1
Nördl. des Bab Chorfa

Gare routière locale
▸ S. 79, östl. c 1
Busse fahren u. a. nach Sidi Harazem und Moulay Yacoub.
Rue Saidia, gegenüber der Moschee Ibn Tachfine

Flughafen
Aéroport Fès Saïss
Flüge u. a. nach Casablanca, Marrakech, Tanger, Laâyoune, Ad-Dakhla.
15 km südl., Route d'Imouzzer • Tel. 05 35 65 26 63, 05 35 62 43 00

Ziele in der Umgebung
◎ **Azrou** ▸ S. 152, C 11
50 000 Einwohner
Zedernwälder umrahmen dieses luftige Bergstädtchen in 1250 m Höhe, ein Kunsthandwerkszentrum im Mittleren Atlas. Im **Ensemble Artisanal** ersteht man günstig Béni-M'Guild-Berberteppiche und Objekte aus Zedernholz. Azrou – der Name bedeutet Fels – eignet sich bestens als

Ausgangspunkt für Wanderungen. Das Städtchen ist ein wichtiges Handelszentrum, Verkehrsknotenpunkt (Busanschluss tgl. nach Fès und Meknès) und bekannt für seine Früchte. Außerdem wurde hier 1920 das erste Gymnasium Marokkos eingerichtet. Inzwischen gibt es auch ein paar schöne Unterkünfte, etwa das charmante **Palais des Cérisiers** mit Spa (Rte. du Cèdre Gorou, Ben Smim, Tel. 05 35 56 38 30, www.lepalaisdes cerisiers.com, 18 Zimmer, €€).

80 km südwestl. von Fès

◎ Ifrane   ▸ S. 153, D 11

14 500 Einwohner

Provinzhauptstadt mit anglophoner Universität in 1650 m Höhe an der regenreichen Wetterseite des Mittleren Atlas. Zentrum für Skifahrer (**Mischliffen**, 2036 m), Angler und Jäger. Ziegeldachhäuser verleihen dem kühlen Ort ein elsässisches Gepräge. Der König hat hier ein Jagdschloss geerbt, zahlreiche wohlhabende Bürger von Casablanca und Fès schätzen ebenfalls das Gebirgsgrün in den heißen Monaten.

Ifrane – das Berberwort bedeutet Grotte – rühmt sich der ältesten jüdischen Gemeinde Marokkos und besitzt in seiner Umgebung tatsächlich eine ganze Reihe von Höhlen mit Spuren aus dem Neolithikum. Als eine der neuen, im »Plan Biladi« ausgewiesenen Stationen für den inländischen Tourismus soll die Zahl der Gästebetten in Ifrane um mehr als 5000 aufgestockt werden.

63 km südl. von Fès

◎ Sefrou   ▸ S. 153, D 11

66 000 Einwohner

Der Handwerks- und Handelsort liegt 850 m hoch in Kirschgärten und Olivenhaine gebettet. Schon früh fanden hier immer wieder Freidenker und Andersgläubige Zuflucht, wie auch das einstige jüdische Viertel (Mellah) zeigt. Die Juden sind inzwischen allerdings alle abgewandert. Sefrous ummauerte Altstadt, von der Ville nouvelle durch das enge Flussbett des Aggay getrennt, ist sehr sehenswert mit ihren authentischen Gassen und Souks. Hinreißend auch das Panorama beim Marabout des Sidi Ali Bousserghine.

33 km südöstl. von Fès

◎ Taza   ▸ S. 153, D 10

145 000 Einwohner

Als Pforte zwischen Nord- und Südmarokko spielte die heutige Provinzhauptstadt im Taza-Korridor seit jeher eine wichtige strategische Rolle. Im 10. Jh. umgaben die Almoraviden sie erstmals mit einer Stadtmauer. Verschiedene Herrscher verstärkten im Lauf der Zeit den Wall.

Bou Hamara, der sich im Jahr 1902 mit zahlreichen Stämmen gegen den Alaouiten-Sultan Abdel Aziz erhob und große Teile von Nord- und Ostmarokko unter seine Herrschaft bringen konnte, machte die befestigte Siedlung zwischen Rif und Mittlerem Atlas zu seiner Hauptstadt. Sein Haus nahe der **Andalusiermoschee** mit ihrem Almohaden-Minarett (12. Jh.) zeigt noch Spuren des einstigen Glanzes. Noch sehr ursprünglich gibt sich Taza-haut, die 585 m hoch gelegene Médina, 3 km von Taza-bas (Ville nouvelle) entfernt. Der Stolz der Bewohner ist die **Grande Mosquée** (12. Jh.) mit ihrer herrlichen Gipsstuckkuppel vor dem Mihrab im Inneren und dem 3200 kg schweren Bronzelüster.

120 km östl. von Fès

Marrakech und der Hohe Atlas

Die »Rote Perle« vor der Szenerie des majestätischen Ge-
birgszugs ist der Glanzpunkt jeder Marokko-Reise. In den
Bergtälern lässt sich der Alltag der Berberstämme erleben.

◄ Ein berauschendes Fest der Farben und der Sinne: Die Souks von Marrakech (► S. 90) sind die größten des Landes.

Mittelmeerküste und Rif

Die Sultansstädte des Nordens

Casablanca und Atlantikküste

Marrakech und der Hohe Atlas

Kasbahroute und Oasen

Agadir und der Süden

Agadir und der Süden

Überwältigend ist die Anfahrt von Norden her: Eine massive Binnenschranke versperrt den Horizont, im Winter mit einem Schneeburnus umhüllt. Wie ein gigantischer Riegel legt sich der 700 km lange Faltengebirgszug des Hohen Atlas als Klimascheide zwischen Nordwest- und Südostmarokko. Nur 35 km nördlich vom Steilwandfuß liegt inmitten des Haouz-Plateaus auf 453 m Höhe die schönste Stadt des Maghreb: die »Rote Perle« **Marrakech**. Vor dieser Cinemascope-Kulisse ragt das Minarett der Koutoubia als Wahrzeichen in den Himmel. Die Einfahrt in die Makhzen-Stadt beglückt mit Palmenromantik. Aber auch der Atlantik ist nicht weit: Nur 174 km sind es nach Essaouira, 233 km nach Agadir.

Marrakech ► S. 151, D 5

920 000 Einwohner

Stadtplan ► Klappe hinten

Magisches Marrakech: zauberhafter Orient in den Gassen der Souks, edle Restaurants in maurischen Palästen, palmenbeschattete Villen und intime Suiten-Hotels mit Golfplatzanschluss, luxuriöse Gästehäuser mit stillen Höfen und orientalischen Gärten inmitten der pulsierenden Médina sowie der Blick auf die schneebedeckten Atlasgipfel – mit diesen Reizen lockt »Al Hamra«, die von rötlichen Mauern und Fassaden geprägte tausendjährige Sultansstadt.

Architekten, Designer, Filme- und Modemacher, Schauspieler, Fotografen, Schriftsteller, Philosophen, Maler, Musiker und Business-People: Für alle ist Marrakech seit Jahrzehnten Fluchtburg und Ideenlabor. Crosby, Stills, Nash & Young widmeten ihr sogar einen Song: »Marrakesh Express«. Er wurde zu einem Mega-Hit. Ebenso Elias Canettis Reisebericht »Die Stimmen von Marrakesch«.

Die »Rote«, deren Altstadt seit 1998 zum Weltkulturerbe zählt, zieht jeden in Bann. Sie ist der Glanzpunkt jeder Marokko-Reise und für viele die Erfüllung eines Lebenstraums. »It is the most lovely spot in the whole world«, erklärte Winston Churchill 1943 kategorisch dem damaligen amerikanischen Präsidenten Franklin D. Roosevelt und überredete ihn nach der Casablanca-Konferenz zu einem Besuch in der Sultansstadt.

Sowohl die im 11. Jh. von den Almoraviden gegründete, im 12. Jh. von den Almohaden geprägte **Médina** als auch die Anfang des 20. Jh. von der französischen Kolonialmacht weiträumig angelegte **Ville nouvelle** sind Stätten der Superlative: In der sinnenbetörenden Altstadt befinden sich die farbenprächtigsten Souks des Landes. Und keine andere Neustadt

WUSSTEN SIE, DASS …

… Marrakech für Moslems auch eine Pilgerstadt ist? Für die Gläubigen gilt es, die Mausoleen der sieben Stadtheiligen aufzusuchen.

Marokkos schwelgt in mehr Palmen und subtropischer Vegetation.

Zahlreiche Kosmopoliten – Franzosen in erster Linie – machten daher bereits in der Mitte des vorigen Jahrhunderts Marrakech zu ihrem neuen Lebensmittelpunkt (oder zumindest zum Zweit-Domizil). Sie erwarben eine Villa vor den Toren der Stadt oder in der Médina einen »riyad« (Riad) bzw. ein »dâr«. Früher lebten in diesen alten Stadtpalästen um einen Garten bzw. Innenhof oft ganze Sippen, darunter viele reiche Kaufleute und Händler, die die Nähe zur Kundschaft suchten. Im Zuge der Neubaupolitik vor den Toren der mächtigen mittelalterlichen Stadtmauer wurden die alten Innenstadt-Domizile jedoch verlassen und begannen zu verfallen. Zunächst von den neuen, ausländischen Besitzern für ihren persönlichen Bedarf restauriert, wurden immer mehr dieser subtilen Bauwerke zu stilvollen Gästehäusern (»Maisons d'hôtes«) bzw. Boutique-Hotels umgewandelt. Viele liegen nur einen Steinwurf entfernt von dem einzigartigen Gaukler- und Garküchenplatz **Jemaa el-Fna**, den die UNESCO 2001 zum immateriellen Kulturgut der Menschheit erklärte.

Als zweitälteste Makhzen-Residenz erstrahlt Marrakech nicht minder als Fès im Glanz ihrer maurischen Kulturbauten. Marrakech ist die drittgrößte Stadt des Landes, Kapitale der Wilaya der Region Marrakech–Tensift–Al-Haouz mit der Universität Cadi Ayad.

SEHENSWERTES
Jardin de l'Aguedal
▸ Klappe hinten, e/f 6

Sultansgarten aus der Almohadenzeit, der im 19. Jh. neu angelegt wurde.

Auf dem symmetrisch konzipierten, von einer hohen Mauer umgebenen Areal (ca. 3,5 x 1,5 km) gedeihen Granatäpfel, Feigen, Zitrusfrüchte, Weinreben und Ölbaume. Zwei offene Kanäle sorgen für die Wasserzufuhr aus dem Ourika-Tal.

An dem weitläufigen almohadischen Sammelbecken steht das **Dar el-Hana**, von dessen Terrasse sich ein wunderbarer Panoramablick bietet. Das große Gebäude in der Mitte des bei den Marrakschis als Picknickziel beliebten Gartens ist das **Dar el-Beida** aus dem späten 19. Jh. Es wird als königliches Gästehaus genutzt.

Rue de Bab Irhli, südl. des Königspalasts Dar el-Makhzen • nur Fr Nachmittag und So geöffnet; ist die königliche Familie anwesend, bleibt der Garten auch an diesen Tagen geschl.

Jardin Majorelle
▸ Klappe hinten, e 1

Gartenkunst in Grün und Blau, eine Schöpfung des französischen Malers Jacques Majorelle (1883–1962), nach welchem ein bestimmter Blauton auf Französisch noch immer »bleu majorelle« heißt. Der Modeschöpfer Yves Saint Laurent und sein Lebensgefährte Pierre Bergé erwarben und restaurierten den in den Zwanzigerjahren angelegten kleinen Garten nach Majorelles Tod. In seinem ehemaligen Atelier ist heute das kleine **Musée Berbère** untergebracht, mit Exponaten aus der privaten Sammlung von Saint-Laurent/Bergé zur Kultur der Imazighen.

Seit dem Tod von Yves Saint Laurent 2008 kümmert sich eine Stiftung um das Gartenreich mit über 300 Pflanzenarten und einer reichen Vogelwelt. Der französische Modeschöpfer erwählte den Jardin Majorelle zu seiner letzten Ruhestätte; seine Asche wurde hier verstreut. Wenn möglich, sollte man den Garten in den frühen Morgenstunden besuchen; später wird es oft recht voll.

Eingang von der Av. Yacoub Mansour, Guéliz-Viertel (Neustadt) • www.jardin majorelle.com • Okt.–April 8–17.30, Mai–Sept. 8–18, Ramadan 9–17 Uhr • Eintritt 50 DH, Museum 25 DH

Jemaa el-Fna ▶ Klappe hinten, d 4

Gewiss der originellste Platz Nordafrikas. Nachmittags verwandelt er sich in ein Freilicht-Varietee, in dem für ein kleines Trinkgeld »zirzensische Spiele« maghrebinischer Art zu bestaunen sind. Früher ließen hier die Sultane die aufgespießten Köpfe hingerichteter Rebellen zur Schau stellen, daher der makabre Name des Platzes: »Versammlung der Toten«. Heute versammeln sich hier Wahrsagerinnen, Schlangenbeschwörer, Wunderdoktoren, Zahnausreißer, Vorleser und alle nur erdenklichen Straßenkünstler. Meist von einer großen Menge Einheimischer umringt sind die Geschichtenerzähler, häufig unterstützt von einem Trommler oder anderen Instrumentalisten. Kleinere Grüppchen von Gnaoua-Musikern sind ebenso wie die Wasserverkäufer ein prächtiges Fotomotiv – inzwischen kassieren die Herren aber mindestens 10 Dirham, wenn man sie ablichten möchte. Für die gleiche Summe füllt Schneckenverkäufer Mustapha am Imbissstand Nr. 135 eine große Portion der gekochten Tierchen in die Schale, während man für die Hühnchen bei Aisha oder die Lammzunge ein paar Schritte weiter ungefähr zwei- bis dreimal auf den Kameraauslöser drücken könnte. Dutzende von Ständen bieten mit Einbruch der

Von den umliegenden Terrassencafés hat man einen schönen Blick auf das allabendliche Spektakel auf der Jemaa el-Fna mit ihren Essensständen (▶ MERIAN-Tipp, S. 16).

Dämmerung auf der Jemaa el-Fna ihre gebratenen, gegrillten, gekochten, gebackenen Köstlichkeiten feil (▸ MERIAN-Tipp, S. 16); es duftet würzig und süß. Junge Männer in weißen Kitteln laufen zwischen den improvisierten Lokalen umher und

Die Koutoubia-Moschee (▸ S. 88) gilt als das vollendete Bauwerk der Almohaden.

locken mit blumigen Worten und der Speisekarte in der Hand Unentschlossene zu den Bänken ihrer Feuerstellen. Wer könnte da widerstehen …

Koubba almoravide

▸ Klappe hinten, e 3

Einziges Zeugnis der Almoraviden-Baukunst des 12. Jh. der Stadt. Das Gebetshaus wurde erst 1948 bei archäologischen Grabungen entdeckt. Das viereckige Kuppelbauwerk wirkt trotz seiner raffinierten Struktur von außen eher schlicht; größte Sorgfalt wurde auf die Innengestaltung der Kuppel verwendet. Zum Komplex

der Koubba zählen auch eine Zisterne und eine Latrine.
April–Sept. tgl. 9–19, Okt.–März 9–18 Uhr, 1. Mai und an religiösen Feiertagen geschl. • Eintritt 60 DH (Kombiticket, gilt auch für Medersa Ben Youssef und Musée de Marrakech)

Koutoubia-Moschee

▸ Klappe hinten, d 4

Berühmtester Sakralbau der Almohaden, begonnen im Jahr 1158 unter Sultan Abd el-Moumen, vollendet durch seinen Enkel Yacoub el-Mansour (1184–1199). Die Moschee hat 17 Langschiffe und ein Querschiff parallel zur »kibla« (Gebetsrichtung). Das schlicht gehaltene, der Romanik vergleichbare Steinornament an den Außenseiten des Minaretts lässt nichts von der inneren Pracht, vor allem im »mihrab« (Gebetsnische), ahnen. Der 1137 im Auftrag des Almoraviden Ali Ben Youssef in Córdoba gefertigte und 1147 vom Almohaden-Kalifen Abd el-Moumen in die Koutoubia überführte »minbar« zählt zu den vollendetsten Predigtkanzeln des muslimischen Westens. Sie wurde 1998 restauriert und steht jetzt als glanzvolles Ausstellungsstück im Palais el-Badi.
Das inklusive Kuppel 77 m hohe, 1998 renovierte Minarett diente als Vorbild für die Giralda in Sevilla und den Hassan-Turm in Rabat. Es kann, wie die Moschee, nur von außen besichtigt werden. Um das Gebäude wurde aber ein kleiner Garten angelegt, in dem sich die Marrakchis gern zu einer Verabredung treffen. Die Koutoubia-Moschee und ihr Minarett verdanken ihren Namen dem einstiger Buchhändler-Souk, in dem sich im Mittelalter rund 100 Läden aneinanderreihten.

Medersa Ben Youssef
▸ Klappe hinten, e 3

Der den renommierten theologischen Hochschulen von Fès ebenbürtige Kulturbau der Meriniden aus dem 14. Jh. war einst die größte Koranschule des Maghreb. Dem maurischen Dekor entspricht der Flächenschmuck im Innenhof, um den sich die Kammern der Studenten mit herrlich verzierten Fenstern gruppieren. Der Hof der im 16. Jh. neu erbauten Schule war mit Carrara-Marmor ausgelegt, eingetauscht gegen etliche Kilo Zucker. Man betritt ihn durch ein prachtvolles Zederntor.
Etwa 700 Studenten lernten und lebten in der Medersa. Neben dem Koranstudium konnten sie auch Fächer wie Physik, Chemie, Astronomie oder Pharmazie belegen. Erst um 1960 wurde der Unterrichtsbetrieb eingestellt und die Medersa als Baudenkmal für den Tourismus geöffnet.
Öffnungszeiten und Eintritt ▸ Koubba almoravide, S. 88

Mellah
▸ Klappe hinten, e 5

Auch im einstigen jüdischen Viertel gibt es einen lebendigen Souk mit farbenfrohem Angebot. Die Palette reicht von Keramikschalen über Posamenten bis hin zu Vasen in Tadelakt-Technik und Weißblecharbeiten. Zudem gibt es eine urige kleine Markthalle. Einst lebten fast 40 000 Juden in der Mellah (heute Hay Essalam, Friedensviertel); das Gros wanderte ab Mitte der Fünfzigerjahre aus. Am Ostrand des Viertels liegt der Jüdische Friedhof mit seinen weißen Grabhäuschen; am Westrand erhebt sich das **Palais Royal**, auf dessen Zinnen Storchennester thronen.
Zugang durch das Bab Berrima an der Pl. des Ferblantiers

Ménara
▸ Klappe hinten, a 6

Im 12. und 13. Jh. angelegt als Palastgärten, erhielten sie ihre heutige Gestalt erst Ende des 19. Jh. Inzwischen wachsen auf dem knapp 90 ha großen Gelände mehr als 8000 Olivenbäume – deren Früchte durch die direkt angrenzenden Olivenmühlen industriell verwertet werden.
An der Südseite des almohadischen Wasserbeckens steht ein 1860 restaurierter Lustpavillon mit Pyramidendach und Aussichtsterrasse. Von dort blickt man bis zum Hohen Atlas, im Osten auf das Koutoubia-Minarett.
Tgl. 8.30–18 Uhr • Eintritt frei

Palais de la Bahia
▸ Klappe hinten, e 5

Einstige Residenz der Großwesire Si Moussa und Ba Ahmed, die im 19. Jh. quasi das Land regierten. Der luxuriöse Palast erstreckt sich auf einer Fläche von gut 8 ha. Die teilweise verschwenderisch mit Mosaikfliesen, Schnitzwerk, Stuck und bemalten Decken dekorierten Räume liegen verschachtelt um mit Keramikfliesen oder Marmor ausgelegte Höfe (wegen Renovierung sind bis 2015 immer wieder Teile des Palais geschlossen).
Rue Riad ez-Zitoun el-Jedid • Sa–Do 9–12, 15–18, Fr 9–11.30, 15–18 Uhr • Eintritt 10 DH

Palais el-Badi
▸ Klappe hinten, e 5

Inmitten einer fast 20 ha umfassenden Gartenanlage südlich der Place des Ferblantiers liegen die Ruinen des einst größten Palastensembles des Maghreb. Viel ist zwar nicht mehr zu sehen vom einstigen Wunder der islamischen Welt, das beim Tod seines Auftraggebers Sultan Ahmed el-Mansour 1603 noch immer nicht fertig war – nach zweieinhalb Jahrzehnten

Bauzeit! Aber allein die Ausmaße des Wasserbeckens im Innenhof der Anlage und die Reste des nordwestlichen (von einstmals vier) Eckpavillons lassen ahnen, warum der Palast den Namen »der Unvergleichliche« erhielt. Auf dem El-Badi-Gelände findet alljährlich im Sommer fünf Tage lang ein Teil des Festival national des arts populaires statt. Dort sind dann folkloristische Tanz-, Gesangs- und Musikdarbietungen zu sehen (www.marrakechfestival.com). Eingang Bab Berrima • tgl. 8.30–12, 14.30–18 Uhr, im Ramadan andere Zeiten • Eintritt 10 DH

La Palmeraie

▸ Klappe hinten, nordwestl. a 1

Mehr als 150 000 Palmen, bewässert durch ein ausgeklügeltes unterirdisches Kanalsystem, wuchsen ursprünglich im Nordwesten vor den Toren Marrakechs. Etwa eine Stunde benötigt man mit dem Auto für die 22-km-Runde durch den Palmenhain (besonders schön zum Sonnenuntergang), am Straßenrand werden immer wieder Kamelritte angeboten.

Auf dem gut 13 000 ha großen Areal der Palmeraie wurden inzwischen mehrere Golfplätze angelegt, und es werden nach wie vor Luxushotels gebaut, etwa das **Taj Palace Marrakech** (Tel. 05 24 32 77 77, www.tajhotels. com, 161 Zimmer, €€€€) oder das **L'Hotel du Golf** mit Lifestyle-Ambiente aus den Händen von Frédéric Bekas und Jean-Baptiste Barian (Circuit de la Palmeraie, Tel. 05 24 29 99 02, www.hoteldugolf-marrakech. com, 168 Zimmer, €€€€).

Zudem eröffnete hier der engagierte Botaniker und Visionär Abderrazak Benchaâbane (er rief u. a. vor einigen Jahren das Festival de L'Art du Jardin

ins Leben) 2011 sein **Musée de la Palmeraie** (www.museepalmeraie. com, tgl. 9–18 Uhr, Eintritt 40 DH. Die Sammlung mit Werken etwa 50 zeitgenössischer marokkanischer Künstler liegt inmitten eines 2 ha großen Parkgeländes mit Themenbereichen wie Wassergarten, Andalusischer Garten, Gemüsegarten etc. 8 km nordwestl. vom Zentrum

Les Remparts (Stadtmauern)

Über 12 km zieht sich der rostrote, 6 bis 9 m hohe Lehmwall der Almohaden um die Médina. Errichtet wurde er in der Rekordzeit von neun Monaten – zwischen 1126 und Februar 1127. Die Löcher in der Mauer entstanden bei der traditionellen Lehmbauweise durch die Querstangen der Schalbretter.

Elf alte, teilweise restaurierte Tore unterbrechen den mächtigen Mauerring, von denen das **Bab Rhemat**, das **Bab Ailen**, das **Bab Doukkala** und das **Bab Aguenaou** noch aus dem 12. Jh. stammen. Letztgenanntes ist der älteste und schönste Torbau. Das Prachtgebäude sollte in würdiger Weise den Sitz des Sultans anzeigen, denn es bildete den monumentalen Haupteingang zur ehemaligen Almohaden-Kasbah.

Souks 🔻 ▸ Detailkarte, S. 91

Alle fünf Sinne betört das Basarviertel von Marrakech, das größte seiner Art in ganz Marokko. Mehr als 7000 Ladengeschäfte sind in seinen Gassen und Engpässen versammelt, ursprünglich streng getrennt nach Zünften, heute zunehmend gemischt.

Die Hauptachse des Areals ist die **Rue Smarine**; man betritt sie von der Nordseite der Jemaa el-Fna. Bis vor nicht allzu langer Zeit drängten sich

schon bei den ersten Schritten sogenannte Faux Guides (falsche Führer)
an den Besucher heran und erboten
sich, ihn durch das Labyrinth der
Souks zu lotsen – gegen Entgelt natürlich und mit gezielten Abstechern
zu jenen Händlern, die ihnen Provi-
sion gewährten. Seit eine Touristenpolizei eingeführt wurde, entspannte
sich die Situation deutlich. Offizielle
Führer tragen eine Plakette und war-

ten meist in den Cafés am Rand der
Jemaa el-Fna auf Kundschaft.
Als Erstes erreicht man von diesem
Platz aus rechter Hand die Töpfer-
Souks, gefolgt von den Stoff- und
Textilhändlern, die das ehemalige
Areal der Korbmacher in Beschlag
genommen haben. An der **Place
Rahba-Kedima**, kurz bevor die Rue
Smarine sich gabelt, befand sich bis
1920 der Korn- und Sklavenmarkt.

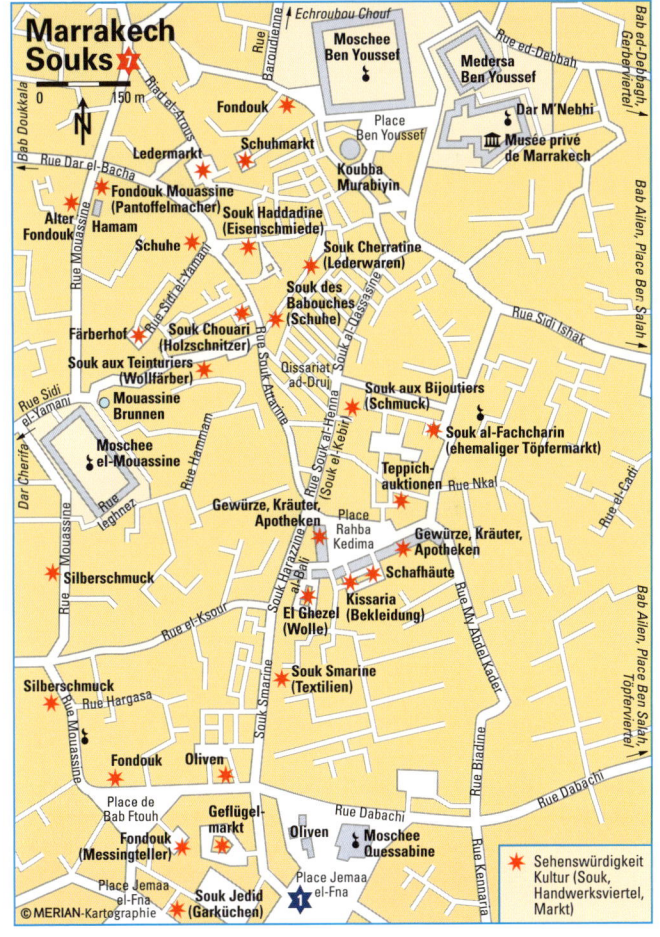

Inzwischen haben sich Gewürzhändler, Medizinpflanzen- und Wundermittelverkäufer hier niedergelassen, auch Gemüse und Geflügel wird in der Nähe verkauft. Ein paar Schritte weiter nördlich beginnt das Reich der Teppichhändler; weiter die **Rue Souk el-Kebir** hinauf folgt jenes der Kupfer- und Silberschmiede sowie der Schmuckhändler. Über die **Rue Souk Attarine** linker Hand gelangt man zu den Wollfärbern, Korbflechtern, Drechslern (Souk Chouari), Babuschenmachern (Souk Smata) Kupferziseleuren und Eisenschmieden (Souk Haddadine). Zwischen dem Souk Attarine und dem Souk el-Kebir befindet sich der Ledermarkt (Souk Cherratine), wo man sich eher auf den Geschmack der Touristen eingestellt hat. Das Gerberviertel liegt am Rand der Médina in Wassernähe, nördlich des Bab ed-Debbagh.

Tombeaux des Saadiens (Saadiergräber)   ▶ Klappe hinten, d 5

Die Nekropole wurde zwischen 1590 und 1600 angelegt und später unter Moulay Ismail, der alle Erinnerungen an die Saadier-Dynastie tilgen wollte, mit einer Mauer verschlossen. Erst 1917 wurden die 112 Gräber wieder entdeckt. Sie verteilen sich auf drei Grabräume und das Freigelände. Die Wände der Säle sind mit Koransuren, reichen Mosaiken und Stuckverzierungen geschmückt.

In den beiden kunstvoll gestalteten Mausoleen im Garten ruhen vier Sultane der Saadier-Dynastie sowie 62 Familienmitglieder. Der klassisch-maurische Stil erfährt im **Saal der zwölf Säulen** mit dem aus Carrara-Marmor gefertigten Prunksarkophag des Sultans Moulay Ahmed el-Mansour (1578–1603) seine Vollendung.

Rue de la Kasbah • Sa–Do 8.30–12, 14.30–18, Fr 8.30–11.30, 15–18 Uhr • Eintritt 10 DH

MUSEEN
Musée Dar Si Saïd
▶ Klappe hinten, e 4

Volkskunst, untergebracht im Haus des Si Saïd, eines Wesirs von Hassan I. Die maurische Residenz entstand im 19. Jh. In den sich zum Innengarten öffnenden Sälen faszinieren nicht nur die Exponate, sondern auch die bemalten Flügeltüren, Marmorböden, Fayencekacheln, die Gipsstuckatur und die Schnitzdecken, insbesondere in der »Salle de réception«.
Derb el-Bahia, Riad Zitoun el-Jedid, (nach dem Dar Tiskiwin am Ende der ersten Straße links) • tgl. außer Di und Fr 9–12, 15–18 Uhr • Eintritt 10 DH

Musée Dar Tiskiwin
▶ Klappe hinten, e 5

Historische Textilien, Schmuck und andere Objekte der Alltagskultur aus den ländlichen Regionen Marokkos. Zusammengetragen hat sie seit Ende der Fünfzigerjahre der Holländer Bert Flint. Inzwischen vermachte der passionierte Sammler seine Privatkollektion der Universität Marrakech. Sie blieb aber am angestammten Platz in einem Bürgerhaus des frühen 20. Jh.

WUSSTEN SIE, DASS …

… die spitzen marokkanischen Lederbabuschen auch die »königlichen« (»babouches royales«) genannt werden, da man mit ihnen nur in der Stadt umherwandelte? Die runden Modelle (»babouches berbères«) der Landbevölkerung geben mit ihrer aufstellbaren Ferse Halt in bergigem Gelände.

Das Palais de la Bahia (▶ S. 89), die Residenz zweier Großwesire, ist ein Beispiel für die Prachtentfaltung höchster maghrebinischer Staatsbeamter zum Ende des 19. Jh.

8, rue de la Bahia • tgl. 9.30–12, 14.30–17.30, Sommer 15–18 Uhr • Eintritt 20 DH

Musée de Marrakech

▶ Klappe hinten, e 3

Der edle maurische Bürgerpalast **Dar M'Nebhi** vom Anfang des 20. Jh. wird seit dem Jahr 1997 als Privatmuseum genutzt. Zu sehen sind in den eindrucksvollen, teils aufwendig dekorierten Räumlichkeiten der Fondation Omar Benjelloun Volkskunst und wechselnde Ausstellungen zeitgenössischer Kunst. Außerdem finden in dem nahezu 2000 qm großen Palais kulturelle Veranstaltungen statt. Ein Café lädt zum Verweilen. Neben Medersa Ben Youssef • www. museedemarrakech.ma • Öffnungszeiten und Eintritt ▶ Koubba almoravide, S. 88

SPAZIERGANG

Stadtplan ▶ Klappe hinten

Durch das Zentrum der Neustadt Guéliz erstreckt sich die **Avenue Mohammed V.** Sie wird von führenden

Geschäften, Reisebüros, Leihwagenfirmen, der Hauptpost, der Stadtverwaltung (Hôtel de Ville) und dem Ensemble Artisanal gesäumt. Zur Einstimmung auf den Bummel – der am schönsten ist, wenn die Sonne im Westen steht – sollte man in einem Eckcafé an der **Place Abdelmoumen Ben Ali** (▸ Klappe hinten, a 2) eine Tasse Kaffee trinken. Hier überblickt man gut den Verlauf der mit Pomeranzenbäumen gesäumten Avenue. Am Ende strebt das Minarett der Koutoubia-Moschee gen Himmel.

Wir starten bei der Délégation du Tourisme in Richtung Koutoubia. In Höhe der Moschee biegen wir links ab und gelangen zum turbulenten Platz der Gaukler, **Jemaa el-Fna**, von wo die engen Gassen in das Labyrinth der Altstadt führen. Am Jemaa el-Fna besuchen wir eines der Dachterrassencafés (z. B. **Café-Glacier Le Grand Balcon** im Süden, **Café de France** im Osten) und genießen zum Ausklang einen »thé à la menthe«, während unten auf dem Platz gegen 17 oder 18 Uhr der Karren-Korso der Garküchen anrückt (▸ MERIAN-Tipp, S. 16) und sich kompakte Kreise um die Schausteller bilden.
Dauer: ca. 30 Min.

ÜBERNACHTEN

La Mamounia ▸ Klappe hinten, c 5

Frisch geliftet • »Die Wunderbare« – so heißt die Hotellegende aus dem Jahr 1923. Seither logierte hier alles, was Rang und Namen hat. Der maurische Luxuspalast mit seinem berühmten Park und Spielcasino wurde vielfach als Filmkulisse genutzt und gilt als bestes Spa-Hotel Afrikas.
Av. Bab Jdid • Tel. 05 24 38 86 00 • www.mamounia.com • 228 Zimmer und Suiten • ♿ • €€€€

Naoura Barrière ▸ Klappe hinten, c 3

Art de Vivre • Französischer Luxus im zeitgenössischen Orient-Design, direkt an der Stadtmauer: mit Pool, 1000-qm-Spa und Gourmetrestaurant. Mehrstöckiges Haupthaus plus moderne Riads.
Rue Jbel Alakhdar, Bab Doukkala • Tel. 05 24 45 90 00 • www.lucien barriere.com • 85 Zimmer und Suiten, 4 Riads • €€€€

Les Jardins de la Médina

▸ Klappe hinten, e 6

Gartenpalais • Einst Wochenendhaus einer Cousine von Hassan II, versteckt sich hinter der schlichten Pforte im Kasbah-Viertel eine Oase mit Pool, Dachsalon, Restaurant – und einem Pavillon für Kochkurse!
21, derb Chtouka • Tel. 05 24 38 18 51 • www.lesjardinsdelamedina.com • 36 Zimmer • €€€

Riad Dar Dialkoum

▸ Klappe hinten, c 2

Engagement • Maurisches Flair, ergänzt um Minztee und Wasser »à volonté« sowie ab drei Tagen Aufenthalt kostenlosem Flughafentransfer.
317, derb Nakhla • Tel. 06 65 40 72 06 • www.dardialkoum.com • 4 Zimmer, 3 Suiten • €€/€€€

Gästefarm Akrich

▸ Klappe hinten, südwestl. a 6

Die Schweizerin Doris Nufer, eine ehemalige Food-Stylistin, hat vor den Toren von Marrakech, im Berberdorf Akrich, ein ländliches Refugium mit fünf Bungalows in traditioneller Lehmbauweise geschaffen, zu dem auch ein Gemüsegarten gehört.
Douar Akrich, Tamesloht • Tel. 06 61 32 81 49 • www.akrich.com • €€
Ca. 20 km südwestl. von Marrakech

ESSEN UND TRINKEN

Riad El-Fenn ▸ Klappe hinten, e 4

Mediterran • Feine Marktküche, z. B. Doraden-Carpaccio mit Rosinen und eingelegten Zitronen im noblen Riad-Ambiente. Zutaten teils aus eigenem biologischen Anbau.
Derb Moulay Abdullah Ben Hezzian, Bab el-Ksour • Tel. 05 24 44 12 10 • www.riadelfenn.com • €€€

Azar Brasserie ▸ Klappe hinten, a 3

Libanon modern • Stylishe Bistrobar in der Neustadt, günstige Mittagskarte mit feinen Mezze. Abends angesagter Musikclub.
Rue de Yougoslavie (nahe Hauptbahnhof), Guéliz • Tel. 05 24 43 09 20 • www.azarmarrakech.com • €€

Dar Chérifa ▸ Klappe hinten, d 3

Literatencafé • Zauberhafter Rahmen für ein Lunch mit marokkanischen Spezialitäten (»salades«, freitags auch Couscous), nicht nur für Bücherfreunde.
8, derb Chorfa el-Kebir, Mouassine • Tel. 05 44 42 64 63 • €€

Dar Rhizlane ▸ Klappe hinten, b 4

Aromenspiel • Küchenchefin Lakia Aït Boulahcem gelingen überraschende Kombinationen: z. B. Eis mit »Ras el-Hanout« oder Karamell mit Kardamom. Und ihre marokkanischen Vorspeisen sind unvergleichlich.
Av. Jnane el-Harti, Quartier de l'Hivernage • Tel. 05 24 42 13 03 • www.dar-rhizlane.com • €€

Les Terrasses des Epices
▸ Klappe hinten, d 3

Kein Alkohol • »Briouates«, »pastilla«, »tajine du jour« – aber auch Pasta und internationale Tagesgerichte in modernem Ambiente mit Souk-Blick.

MERIAN-Tipp **6**

SIDI GHANEM
▸ Klappe hinten, nördl. b 1
Feinste Bettwäsche, handbestickt mit traditionellen Mustern, zeitgenössische Keramik, Designer-Kerzen, Handgewebtes – die einstige Industriezone Sidi Ghanem an der Straße nach Safi hat sich zu einem hippen Einkaufsviertel entwickelt mit Ateliers und edlen Showrooms, die man auch besichtigen kann. Taxifahrer kennen die Adresse!
Route de Safi, ca. 4 km vom Zentrum (unweit des Jardin Majorelle) • www.sidighanem.net

15, Souk Charifia Sidi Abdellaziz, Médina • Tel. 05 24 37 59 04 • www.terrassedesepices.com • €

EINKAUFEN

Art de Vivre Oriental
▸ Klappe hinten, e 5
Kleine, schöne Auswahl an Gewürzen, Parfüm, Schmuck, Deko-Objekten und Mode (z. B. von der marokkanischen Designerin Salima Abdel Wahab) in einem ehemaligen Kaufmannshaus. Es gibt auch ein Café.
Rue des Epices (im Souk der Mellah)

AM ABEND

Zahlreiche gute Hotels und Restaurants sowohl in der Altstadt als auch in der Ville nouvelle bieten am Abend eine mehr oder minder aufwendige Dinnershow. Clubs, Bars und Diskotheken sind meist in den Vierteln der Neustadt angesiedelt; oft verwandeln sie sich erst zu später Stunde von einem Lokal in ein Cocktail- und Tanz-Etablissement.

Casino Es Saadi ▸ Klappe hinten, b 5
Marokkos erstes Spielcasino (1952).
Rue Ibrahim el-Mazini, Hivernage •
www.essaadi.com

Comptoir Darna ▸ Klappe hinten, c 4
Orient trifft Okzident, traditionelle
Musiker und Bauchtänzerinnen un-
terhalten zu später Stunde die Dinner-
gäste, in der Bar legt ein DJ auf.
Av. ech-Chouada, Hivernage •
http://comptoirmarrakech.com •
tgl. 18–2 Uhr

The Rose Bar
▸ Klappe hinten, südl. c 6
Lounge-Ambiente und internationale Cocktails, Live-Clubbing mit
der Kazablanka Band von Do bis Sa.
Av. Mohammed VI (ex-Av. de France),
neue Hotelzone Agdal, ca. 4 km vom
Zentrum • www.pachamarrakech.com •
tgl. ab 23.30 Uhr

Palais Jad Mahal
▸ Klappe hinten, c 4
Ein Luxusrestaurant, in das man ab
22 Uhr auf einen Drink kommt. Wenig später beginnt das Tanzspektakel,
mitunter auch ein (Rock-)Konzert.
In der Nähe des Bab el-Jedid •
tgl. 19.30–3 Uhr

Theatro ▸ Klappe hinten, b 5
Renommierter Club (manche sagen:
der beste Marrakechs) mit festlichen
Live-Acts und DJ beim Hotel Es Saadi.
Rue Ibrahim el-Mazini, Hivernage • www.
theatromarrakech.com • tgl. 24–6 Uhr

SERVICE

AUSKUNFT
Délégation du Tourisme
▸ Klappe hinten, a 2
Pl. Abdelmoumen Ben Ali, Guéliz •
Tel. 05 24 43 61 31

DROSCHKENFAHRT
Droschken stehen bei der Place Jemaa el-Fna (Club Méd), an der Place
de la Liberté und bei Tophotels bereit
(maximal vier Personen). Die Preise
sind angeschlagen, bei längeren Touren kann man einen Pauschalpreis
aushandeln. Trinkgeld ist üblich.

VERKEHR
Bahnhof
Gare ferroviaire ▸ Klappe hinten, a 3
Prachtvoller neuer Bahnhof, inspi-
riert von den Stadttoren der Médina.
Info-Schalter tgl. 8–21 Uhr. Mehrere
Verbindungen pro Tag nach Safi, Ca-
sablanca/Rabat, Fès, Meknès, Tanger.
Av. Hassan II, Guéliz

Fernbusterminal
Gare routière Supratours
▸ Klappe hinten, a 3
Mehrere Verbindungen tgl. u. a. nach
Agadir, Essaouira, Ouarzazate. Der
Bus wartet auf Zugreisende.
Av. Hassan II, in der Nähe des Haupt-
bahnhofs • Tel. 05 24 43 55 25

Gare routière CTM
▸ Klappe hinten, a 3
Mehrere Verbindungen tgl. u. a. nach
Fès (via Beni-Mellal) und Casablanca.
Bd. Aboubakr Seddik, nahe Haupt-
bahnhof • Tel. 05 24 44 74 20

Gare routière principale
▸ Klappe hinten, c 3
Hier fahren nur Busse der 2. Klasse
und in die nähere Umgebung ab.
Pl. Mourabiten, Bab Doukkala •
Tel. 05 24 43 39 33

Flughafen
Aéroport Marrakech Ménara
▸ Klappe hinten, südwestl. a 6
6 km südwestl. • Tel. 05 24 36 85 16

In mehreren Stufen stürzen die Cascades d'Ouzoud (▸ S. 97) über die roten Felsen in ein Bassin. In den Abendstunden zeigen sich häufig Affen an den Ufern.

Ziele in der Umgebung

◎ **Beni-Mellal**   ▸ S. 151, E 5

165 000 Einwohner

Die auf einem fruchtbaren Plateau 580 m hoch gelegene Stadt ist bekannt für ihren Obstanbau. Dank ausgeklügelter Bewässerung wachsen hier Aprikosen und Oliven, die Orangen zählen zu den besten des Landes. Im Sommer wird es ziemlich heiß – und die Eisverkäufer haben Hochsaison. Beni-Mellal ist ein Etappenhalt auf dem Weg von Marrakech nach Fès. Auch kann von hier aus die Nordflanke des Hohen Atlas erkundet werden, mit Orten wie **Imilchil** (berühmt für seinen Moussem der Brautpaare und für seine ökotouristischen Angebote ▸ S. 25 und 21) und **Midelt**, einem Verkaufszentrum von Mineralien und Fossilien, die dank der Bergwerkstätigkeit der Umgebung zutage kamen. Etwa 4 km oberhalb des Zentrums von Beni-Mellal liegt in einem kleinen öffentlichen Park die Quelle Aïn Asserdoun (Maultierquelle) mit prächtiger Aussicht.

198 km nordöstl. von Marrakech

◎ **Cascades d'Ouzoud** 8

▸ S. 151, E 5

Von 1088 m Höhe rauschen die Wasserfälle des Ouzoud in mehreren Stufen 110 m tief ins Tosbecken hinab, um nur 3 km weiter in mehreren Zehn-Meter-Stufen in den Oued el-Abid zu münden. Ein eindrucksvolles Naturschauspiel, wie es auch in Marokko nicht viele gibt. Am besten kann man die Schönheit des Anblicks am frühen Abend genießen, wenn das Gros der Besuchergruppen bereits den Heimweg angetreten hat.

Die schönsten Unterkünfte liegen am Fuße der Kaskaden, z. B. der **Riad Cascades d'Ouzoud** mit Dachterras-

se (in der Nähe des Hauptparkplatzes, Tel. 05 23 42 91 73, www.ouzoud.com, 9 Zimmer, €€).
Ca. 150 km nordöstl. von Marrakech

La Safranière de l'Ourika

Noch jung, aber schon erfolgreich ist der Anbau des Krokus sativus auf der **Ferme Boutouil Takaret** in Tnine Ourika. Zahlreichen Bewohnern des Dorfes – insbesondere Frauen – verschaffte er neue Verdienstmöglichkeiten. Marokkos wichtigstes Safranzentrum ist zwar der große Marktort **Taliouine** (▶ S. 151, D 6). La Safranière de Tnine-de-l'Ourika aber hat ein kleines Infozentrum zum Thema Safran eingerichtet und bietet zur Erntezeit (ab 31. Okt.) täglich geführte Touren mit den Produzenten an.
Tnine-de-l'Ourika (ausgeschildert) • Tel. 05 22 48 44 76 • www.safran-ourika.com • Eintritt 10 DH – oder ein Taschenbuch!

◎ Oukaïmeden   ▶ S. 151, D 6

Am Nordrand des 4167 m hohen **Toubkal-Massivs** (▶ Nationalpark, S. 99) liegt auf 2650 m Höhe das Oukaïmeden-Plateau, das bedeutendste Wintersportzentrum Marokkos. Sieben Aufstiegshilfen bringen Skifahrer in ein Areal von rund 300 ha – mit Pisten aller Schwierigkeitsgrade! Der höchste erreichbare Punkt ist die Endstation der Kabinenbahn; 3273 m misst der Gipfel. Bei schönem Wetter bietet sich von hier oben ein grandioser Ausblick auf die Atlaskette.
Die Wintersportsaison in Oukaïmeden dauert von Mitte Dezember bis Mitte April. Noch gleitet man auf natürlich gefallenem Schnee. Aber die touristischen Ausbaupläne des Königs machen auch vor dem (teilweise etwas abgewirtschaftet anmutenden,

bei Drachenfliegern und Kletterern im Sommer aber recht beliebten) Oukaïmeden nicht halt: Von Schneekanonen ist inzwischen die Rede, neuen Pisten, Luxushotels und -chalets, einem 18-Loch-Golfplatz sowie einer modernen Zufahrtsstraße.
Die Anfahrt auf der existierenden ist berauschend – und zwar zu jeder Jahreszeit. Vor allem nach dem Abzweig aus dem Ourika-Tal (bei Arhbalou). Gesäumt von Agaven und Kaktusfeigen steigt die Straße bergan, bald aber macht das Grün der Pflanzen ockerfarbenen Steinfeldern Platz. In Oukaïmeden selbst haben Steinzeitmenschen ihre Gravierungen in Punztechnik hinterlassen.
Zwischen Mai und November kann man im Rahmen von geführten Themenwanderungen noch weitere dieser Felsritzungen entdecken. Auskunft am Chalet des Club alpin français rechts am Anfang der Station (Tel. 05 24 31 90 36, www.caf-maroc.com). Hier kann man für ungefähr 10 € in Mehrbettzimmern auch übernachten (wobei Clubmitglieder Vorrang haben). Zum Essen bietet sich – neben den einfachen Feuerstellen- oder Gaskocher-»Lokalen« unter freiem Himmel mit einheimischen Gerichten – das Restaurant des Hotels **Juju** an (Tel. 05 24 31 90 05, €€).
72 km südöstl. von Marrakech

◎ Souks im Hohen Atlas
▶ S. 151, D 6

Lokalkolorit und Landschaft machen die Wochenmärkte an den Nordhängen des Hohen Atlas zu den sehenswertesten, allen voran der Samstags-Souk in **Asni** (1150 m hoch) sowie der Donnerstags-Souk in **Arhbalou**, 1025 m hoch im Ourika-Tal (▶ S. 99) gelegen.

Asni, 47 km südl., Arhbalou 44 km südöstl. von Marrakech

◎ Tinmel   ▸ S. 151, D 6

Die hinreißend schöne Hochgebirgsfahrt von 105 km führt fast bis zum Pass **Tizi-n-Test**. Kurz nach dem Dorf Ijoukak in 1185 m Höhe steht rechts die **Tinmel-Moschee** von 1125, der Prototyp der Almohaden-Baukunst.
Sa–Do 9–12, 15–18 Uhr
105 km südl. von Marrakech

◎ Toubkal   ▸ S. 151, D 6

Marokkos höchster Berg (4167 m) ist in den Sommermonaten leicht zu bewältigen. Es empfiehlt sich aber ein Bergführer. Gute Kondition und Trittsicherheit sowie ein passendes Schuhwerk sind Voraussetzung.
Ausgangspunkt für eine Besteigung des Toubkal sind in der Regel **Imlil** (1740 m) oder das Bergführerdorf **Around**. Insgesamt muss man mindestens zwei Tage für die Exkursion rechnen. Auf dem Maultierpfad geht es über den Weiler Aremd und die Zaouïa Sidi Chamharouch (kein Zugang für Nichtmuslime) in ca. 6 Std. bis zum Basislager (3200 m) mit zwei Unterkünften (**Refuge Nelter** und **Refuge Le Mouflon**, Letzterer neben Schlafsälen auch mit Privatzimmern). Am nächsten Morgen erfolgt früh der Aufstieg zum Gipfel – meist über Geröll/Schutt und, je nach Verhältnissen, Schneefelder (ca. 3 Std.). Als Belohnung bietet sich ein herrlicher Blick über das gesamte Bergmassiv und den Siroua. Zum Mittagessen geht es zurück zu den Unterkünften. Am Spätnachmittag erfolgt dann der Aufbruch zurück nach Imlil.
Komfortable Übernachtungsmöglichkeit in Imlil bietet **Riad Dar Imlil**

MERIAN-Tipp   7

AMIZMIZ   ▸ S. 150, D 6

Mehrere Weiler (»douar«) formen die kleine Gemeinde inmitten von Olivenhainen am Fuß des Jbel Erdouz. Der Douar Regragra hat sich ganz der Töpferei verschrieben; man sieht die Waren vor den Ateliers in der Nähe der Kasbah trocknen. Interessanter Markt am Dienstag. Unterkunft in der luxuriösen **Maroc Lodge** (Douar Regraga, ausgeschildert, Tel. 05 24 45 49 69 und 06 61 20 25 37, www.maroc-lodge. com, 3 Zimmer, €€€). Amizmiz ist ein hervorragender Ausgangspunkt für Wanderer, Mountainbike- und Maultiertouren.
52 km südwestl. von Marrakech

(Tel. 05 24 48 49 17, www.darimlil. com, 17 Zimmer, €€). Luxus pur findet man 4,5 km von Asni, Route d'Imlil: Hier schuf Sir Richard Branson mit der **Kasbah Tamadot** ein Refugium der Extraklasse – und hat viele Dorfbewohner in Sachen Hotellerie geschult (4,5 km von Asni, ausgeschildert, Tel. England: 00 44 20 86 00 04 30, Marokko: 05 24 36 82 00, www. kasbahtamadot.virgin.com, 24 Suiten und Luxuszelte, €€€€).
78 km südl. von Marrakech

◎ Vallée de l'Ourika
▸ S. 151, D 5/6

Bis zum urigen Bergdorf Setti-Fatma (1500 m) sind es von Marrakech aus 67 km. Ob im Frühjahr zur Baumblüte oder während der Wintermonate, wenn die eisige Ourika talwärts rauscht, das enge Tal ist bezaubernd.
33 km südöstl. von Marrakech

Kasbahroute und Oasen
Ocker-farbene Präsaharastädte treffen auf das Grün von Dattelpalmen, Mais- und Luzernefeldern – willkommen im Reich der Wehrdörfer, Flussoasen und Wüstendünen.

◄ An den Ufern der Oueds erheben sich atemberaubende Ksour und Kasbahs, hier die Kasbah Aït-Yahia bei Aït-Ridi.

Das ist die Region von »Tausendundeiner Kasbah«, eine Landschaft von geradezu biblischer Anmut. Zweifellos sind die Flussläufe des Drâa, Dadès, Todra und Ziz die prominentesten Täler Marokkos. Die Ufer dieser Wüstenflüsse säumen Oasen, die von alten Ksour bewirtschaftet und von Kasbahs (▸ Im Fokus, S. 110) beherrscht werden. Imposante Wehrdörfer und Wehrburgen begleiten auch die Oueds Rheris und Guir sowie deren Einzugsgebiete.

Die steinigen Hochplateaus faszinieren mit ihren tief eingeschnittenen Klammen, wilden Erosionsrillen und Farben, die von Schwefelgrün ins Rotocker spielen. Wegen ihrer günstigen Lage und der Möglichkeit zum Kameltrekking haben sich die Präsaharastädte **Ouarzazate** und **Zagora** sowie **Erfoud** und **Rissani** am weitesten dem Tourismus geöffnet.

Ouarzazate ▸ S. 151, E 6

57 800 Einwohner

Als »Hollywood der Wüste« kennt die Filmbranche die Vorsaharastadt. Zahlreiche Spielfilme wurden hier gedreht, das steinige Hochplateau eignet sich hervorragend als Kulisse für Western und andere Streifen – zum Nutzen der Einheimischen, denen die Filmindustrie Arbeitsplätze als Statisten, Handwerker und Kamelführer verschafft. Eingebettet in diese faszinierende Landschaft, übt die farblich mit dem Hochland übereinstimmende Stadt Ouarzazate auf Besucher einen großen Zauber aus. Komforthotels, ein Reitclub und ein Golfplatz sorgen für Abwechslung.

1928 stationierten französische Kolonisten an dem Schnittpunkt zweier Fernstraßen eine strategisch wichtige Garnison der Fremdenlegion. Daraus entstand die heutige Provinzhauptstadt der Region Sous–Massa–Drâa. Im Sommer scheint die 1160 m hoch gelegene Oasensiedlung zu glühen. Eingerahmt von schneebedeckten Bergriesen kann die Temperatur im Winter auf unter 0 °C sinken.

SEHENSWERTES

Atlas Film Corporation Studios

Im größten und ältesten der Filmstudios von Ouarzazate werden seit seiner Gründung 1983 jährlich zwei bis drei große Kinoproduktionen gedreht. Für Klassiker wie »Auf der Jagd nach dem Juwel vom Nil« (1985) mit Michael Douglas surrten die Kameras dort ebenso wie für den preisgekrönten Film »Gladiator« (2000), für »Asterix & Obelix: Mission Kleopatra« (2002) oder »Alexander« (2004). Die Lichtverhältnisse sind fast immer ideal, die natürliche Landschaftskulisse ist phänomenal. Auch »Kundun«, Martin Scorseses Dalai-Lama-Film, entstand 1997 in Ouarzazate.

Tibetanische Tempelbauten und Stupas, das Kleopatra-Palais, das Schlafzimmer des Pharao Ramses, ein Straßenzug in Alexandria – alles hat auf dem 30 ha großen Gelände der Atlas-

Studios seinen Platz. Viele Kulissenteile werden wiederverwertet. Alle sind von lokalen Handwerkern gefertigt, denn neben den zwei überdachten Groß-Studios gibt es auf dem Atlas-Gelände auch eigene Werkstätten. Und ein Drei-Sterne-Hotel – mit dem passenden Namen »Oscar«.

5 km Route de Marrakech • Tel. 05 24 88 22 12 • www.hotel-oscar-ouarzazate.com • Führungen in den Studios (nur außerhalb der Drehzeiten): 8.30–18 Uhr, Dauer 45 Min., Tel. 05 24 88 21 66, 50 DH, Kinder 30 DH

Kasbah Taourirt

In vorkolonialer Zeit kontrollierten mächtige Berberstämme die damals schwierigen Passübergänge über den Hohen Atlas, die wichtigen Tore in die Sahara. Der Tizi-n-Tichka und die Dadès-Drâa-Täler gehörten zum Territorium der Glaoua. Herausragende Führer des Glaoua-Clans nahmen einstmals Schlüsselstellungen im Staat ein. Noch heute prägen ihre aufwendigen, als Respekt einflößende Machtsymbole an strategischen Punkten errichteten Kasbahs ihren früheren Herrschaftsbereich. Wegen seiner Kollaboration mit dem französischen Generalgouverneur wurde das gesamte Vermögen Thami el-Glaouis (1872–1955), der als Pascha von Marrakech ein Achtel Marokkos beherrschte, konfisziert.

Sommer 8.30–18, Winter 8.30–17 Uhr • Eintritt 20 DH, Kinder 10 DH

SPAZIERGANG

Die Pulsader der Stadt ist die unverzichtbare **Avenue Mohammed V**, die Durchfahrtsstraße von Marrakech nach Errachidia. An dieser breiten, in vorsaharischem Stil von Tamarisken und Eukalypten gesäumten, kilometerlangen Hauptstraße liegen wichtige Ämter, Banken, Postamt, Apotheke, Supermarkt, Autovermietungen, Läden, Restaurants etc.

Ouarzazate erstreckt sich auf einem Hochplateau vor der Kulisse des Hohen Atlas. Im alten Hay Taourirt (▶ S. 103) leben noch heute Angehörige des Haouza-Stammes.

Beginnen Sie Ihren Ost-West-Bummel am besten an der **Kasbah Taourirt**. Das Zentrum markiert die **Place Mohammed V**. Hier befinden sich Municipalité, Busterminal, Taxis und die Délégation du Tourisme. Etwas weiter folgt die repräsentativ gestaltete **Place du 3 Mars** mit Springbrunnen, geprägt vom Kongresspalast. Dauer: ca. 30 Min.

ÜBERNACHTEN
Auberge de la Rose Noire

Privates Gästehaus • Jmiaa hat neben der Hay-Taourirt-Moschee über ihrem kleinen Lokal einen Hort zum Wohlfühlen geschaffen: geschmackvoll dekoriert und mit einer Terrasse. Zudem betreibt sie einen Kunsthandwerksladen, wo alleinstehende Frauen ohne Kommission ihre Waren verkaufen können.
Hay Taourirt • Tel. 05 24 88 21 60 • www.maisondhote-rosenoire.com • 4 Zimmer, 6 weitere im Annex gegenüber • €€

Le Petit Riad

Traditioneller Komfort • Eine Mischung aus historischem Stadthaus und Kasbah, mit Swimmingpool und Hamam, schattiger Terrasse und Speisemöglichkeit.
1581/1582, Hay al-Wahda • Tel. 05 24 88 59 50 • www.lepetitriad.com • 6 Zimmer • €€

ESSEN UND TRINKEN
Phoenix

Schattige Terrasse • Kein kulinarischer Höhenflug, aber gute marokkanische und einige italienische Gerichte. Schönes Ambiente, ruhige Lage.
Rue de l'ONEP • Tel. 05 24 88 83 13 • http://restaurant-phoenix.jimdo.com • €€€

La Halte

Familiär • Auf den Tisch kommen preiswerte einheimische Gerichte wie Hühnchen-Tajine mit Zitrone und hausgemachter Joghurt. Sympathischer Service. An der Fußgängerzone.
Av. El-Mouahidine • Tel. 05 24 88 34 81 • €

EINKAUFEN
Basar Rabab

Kunsthandwerksprodukte zu fixen Preisen – gut, um sich einen Überblick zu verschaffen und für alle, die nicht gerne handeln.
75, av. Mohammed V

Centre Horizon Amnougar

Der Verein Horizon Sociale hat sich die Wiedereingliederung junger Behinderter ins Arbeitsleben zur Aufgabe gemacht. In den Vereinsateliers werden u. a. Keramikobjekte, Webwaren und Schmuck gefertigt. Vom Erlös werden z. B. technische Hilfsmittel für behinderte Kinder gekauft.
Tizgui Lillan, Fint, Tarmigte (10 km südl. von Ouarzazate)

SERVICE
AUSKUNFT
Délégation du Tourisme
Pl. Mohammed V • Tel. 05 24 88 24 85

FAHRRADVERLEIH
Einige Hotels und Tourenveranstalter in Ouarzazate verleihen auch Fahrräder bzw. Mountainbikes, mit denen man die Gegend erkunden kann (ca. 100 DH/Tag).

VERKEHR
Fernbusterminal
Gare routière CTM
5, av. Mohammed V • Tel. 05 24 88 24 27

Gare routière (andere Linien)
Av. Moulay Abdellah, Douar Chems,
nordwestl. der Pl. du 3 Mars

Supratour-Hauptbüro
Av. Tassomat • Tel. 05 24 88 85 66

Flughafen
Aéroport Taourirt
2 km von Ouarzazate • Tel. 05 24 88 23 48

Ziele in der Umgebung
 Aït-Benhaddou ▸ S. 151, E 6
700 Einwohner

Seit 1987 steht der fast verlassene Ksar auf der UNESCO-Liste der Kulturschätze der Menschheit. Additiv angelegte Kasbahs staffeln sich als Wehrdorf den Hang empor. Schon häufiger diente der pittoreske Kasbah-Komplex Historienfilmen als Kulisse. Mangelnder Komfort (kein fließendes Wasser, keine Elektrizität, das Flussbett des Asif Mellah ohne Brücke und bei Hochwasser unpassier-

> **MERIAN-Tipp** 🔷 **8**
>
> **KASBAH DAR DAIF** ▸ S. 151, E 6
>
> Zineb, Marokkos erster weiblicher Bergführer, und Jean-Pierre, wie seine Frau begeisterter Koch, haben am Eingang des Drâa-Tals eine historische Kasbah in ein Hotel mit ökologischer Ausrichtung verwandelt (Solarenergie, Regenwasser-Reservoir). Sie bieten Kochkurse, Wanderungen und Mountainbike-Touren an. Nur Halbpension! Douar Talmasla (5 km südöstl. vom Zentrum) • Tel. 05 24 85 42 32 • www.dardaif.com • 13 Zimmer • €€

> **WUSSTEN SIE, DASS …**
>
> … in der Region Ouarzazate Dinosaurier lebten? Im Jahr 1988 fand man die ersten Knochen, seither fördern Wissenschaftler immer neue Skelettteile zutage.

bar) hatte nahezu alle Bewohner dazu bewogen, den Ksar zu verlassen und sich am jenseitigen Ufer ein neues Dorf zu bauen. Das führte zum Verfall des Stampflehmkomplexes. Staatliche Hilfsprogramme, die darauf zielten, die Familien – nur drei waren zuletzt verblieben – mit Komfort und dem Bau einer Schule zur Rückkehr in die Kasbahs zu bewegen und Aït-Benhaddou (wie andere Kasbahs des Südens) zum touristischen »Produkt« auszubauen, kamen aus verschiedenen Gründen nicht in Gang und wurden letztlich verworfen.

Inzwischen haben einige Bürger selbst die Initiative ergriffen. Es entstanden Basarstände vor und in dem Ksar, Cafés, Restaurants und Gästehäuser. (z. B. **Kasbah Tebi** mit 4 Zimmern und HP, Porte Aït Ougram, Tel. 06 61 94 11 53, www.kasbah-tebi.com, €€). Auch Eselsritte für Touristen über den Fluss werden organisiert, und ehemalige Auswanderer investierten in die Restaurierung des Ksars. Sie geht langsam voran, unter Aufsicht des von der Bevölkerung gegründeten Vereins Association des Aït-Aïssa pour la Culture et le Développement. Experten weisen jedoch darauf hin, dass Kasbahs und Ksour auch in der Vergangenheit maximal 200 Jahre »hielten«; dann half alles Reparieren nicht mehr, und die Besitzerfamilie baute sich eine neue Wehrburg. Die Sippe (Aït) Benhaddou unterhielt bereits im 11. Jh. anstelle des heuti-

gen Ksar eine Karawanserei; über das Alter des Wehrdorfs gibt es keine sicheren Informationen. Die Spanne umfasst vier bis acht Jahrhunderte.
32 km nordwestl. von Ouarzazate

◎ Gorges du Dadès – Gorges du Todra ▸ S. 151, F 5

Atemberaubend ist bereits die Anfahrt über die **Straße der Kasbahs** das Dadès-Tal aufwärts. Im Winter bilden die verschneiten Atlaskämme und Flussoasen mit ihren Wehrdörfern eine überwältigende weiß-grün-rote Szenerie. Bei der Oase **Skoura**, wo die restaurierte Kasbah Amerhidil ein prächtiges Fotomotiv liefert, überqueren wir den 1370 m hohen **Tizi-n-Taddert**, beim Rosen-Ksar **El-Kelaâ M'Gouna** sind wir in 1467 m Höhe. In diesem Straßendorf mit 14 000 Einwohnern bietet sich durchaus eine Übernachtung in einer der Kasbahs an (z. B. **Kasbah Assafar**, Tel. 05 24 83 65 77, www.kasbahassafar.com, € oder Kasbah Itran, Tel. 05 24 83 71 03, www.kasbahitran.com, €). Vor allem zur Zeit der Rosenernte, denn die kleinen Fabriken zur Weiterverarbeitung der Blüten im Ort selbst und in der Nachbarschaft der Kasbah du Glaoui können dann besichtigt werden. Interessant ist auch die Dolchkooperative (Cooparative du Poignard), wo feinst ziselierte Schneidewerkzeuge (mit Griffen aus Kamelknochen oder verschiedenen Hölzern) hergestellt werden. Die Region um El-Kelaâ des M'Gouna ist im Übrigen ein wahres Früchteparadies; hier wachsen Aprikosen, Pfirsiche, Pflaumen, Feigen, Birnen, Quitten sowie Nüsse, Mandeln und Oliven.
Bei **Boumalne** beginnt schließlich die Fahrt in die Dadès-Schlucht (bis Msemrir geteert). Man zwängt sich

nun durch 10 m schmale Klammen, überquert auf einer steinigen Piste den 2800 m hohen Pass und erreicht das Zwillingstal Todra. Dann führt die neue Teerstraße über Tamtattouchte talwärts und verlässt bei der **Tinerhir-Oase** in 1342 m Höhe die **Todra-Schlucht**. Die Schluchtentour von insgesamt 143 km ist nur bei trockenem Wetter machbar. Am Wegrand liegen zahlreiche Gaststätten, kleine Hotels und Campingplätze.
Rundfahrt von 428 km

Bis zu 160 m ragen die Steilwände beiderseits der Todra-Schlucht (▸ S. 105) auf.

◎ Telouèt ▸ S. 151, E 6
14 211 Einwohner

Macht und Autorität strahlt die Kasbah **Dar Glaoui** in 1800 m Höhe aus. In dieser Bergfestung mit eigener Moschee bauten die Glaoua-Führer ihre Vormacht aus. Von der Burg aus kontrollierte der Clan den 2260 m hohen Pass Tizi-n-Tichka. Den alten

Teil aus Lehm errichtete Mohammed el-Glaoui Mitte des 19. Jh., den Mitteltrakt aus Naturstein sein Nachfolger Madani el-Glaoui, den palastartigen Anbau in maurischem Stil mit den grün lasierten Ziegeldächern Thami el-Glaoui, auch »Löwe des Atlas« genannt. Carrara-Marmor, Fayencekacheln, Gipsstucknetze und in Holz geschnitzte Stalaktitenfriese in den Prunksälen bezeugen den aufwendigen Lebensstil des berüchtigten Thami el-Glaoui. Dar Glaoui wurde den Erben zurückerstattet und verfällt leider. Geben Sie dem Wärter Trinkgeld für eine Führung.

109 km nordwestl. von Ouarzazate

◎ Zagora/Drâa-Tal

▸ S. 151, F 6

35 000 Einwohner

Einen Höhepunkt der Kasbahroute bildet der **Mittel-Drâa** ab **Agdz**. Sechs **Großoasen** beherbergen hier rund 1,1 Mio. Dattelpalmen – dazwischen Apfel-, Aprikosen-, Mandel- und

Olivenbäume. Fast 200 Ksour begleiten die Oase an den Ufern des längsten Stroms Marokkos. Als typischer Wüstenfluss hat er die meiste Zeit des Jahres ein Trockenbett. **Zagora** ist Startplatz für Kameltrekking und hat gute Hotels. Auf dem **Jbel Zagora** (974 m) finden sich die Ruinen einer Almoraviden-Feste. 13 km südlich ist der alte Töpfer-Ksar **Tamegroute** ein Pilgerziel. Hier hat die Naciriya-Bruderschaft eine »zaouïa« (Ordenssitz). Urlauber können die im 17. Jh. angelegte Bibliothek der Zaouïa besichtigen. Etliche der 4000 kalligrafisch abgefassten Bücher bestechen durch kunstvoll verzierte Handschriften.

164 km südöstl. von Ouarzazate

ÜBERNACHTEN

Riad Les Jardins du Dráa

Oasenstimmung • Webstoffe, Knüpfteppiche, Betten aus geschnitztem Holz oder filigranem Eisen – und um den Pool das Grün von Palmen.
Amezrou, Route de Boudandoume, 1 km südl. von Zagora-Centre • Tel. 05 24 84 67 66 • www.riad-zagora.com • 7 Zimmer • €€

Errachidia ▸ S. 153, D 12

77 000 Einwohner

Architektur und Farbgebung, auch die Lage in 1060 m Höhe am Oued Ziz bezaubern. Trotzdem dient die frühere französische Garnisonsstadt und heutige Hauptstadt der gleichnamigen Oasen-Großprovinz vor allem als Tor zu den prominenten Tafilalet-Oasen. Am Kreuzungspunkt der Ost-West-Achse (N 10) und der Nord-Süd-Achse (N 13) gelegen, ist Errachidia für Fahrten in die Steppen und Oasen des Südostens der denkbar günstigste Startplatz. Im Jahr 2000 wurden die von Desertifi-

MERIAN-Tipp 9

MUSÉE DES ARTS ET TRADITIONS DE LA VALLÉE DU DRÂA
▸ S. 151, F 6

Im Ksar **Tissergate** wurde eine alte verlassene Kasbah restauriert und in ein Museum umgewandelt. Die Exponate veranschaulichen den Alltag der in den Datteloasen ansässigen Stämme. Der Museumsbesuch ist auch eine sehr gute Gelegenheit, eine authentische Kasbah von innen zu sehen.
Tissergate, 8 km nördl. von Zagora (beschildert) • tgl. 8–20 Uhr • Eintritt 20 DH, Kinder 10 DH

kation bedrohten Palmengärten der Dattelprovinzen Zagora, Errachidia und Ouarzazate, insgesamt 7 Mio. ha, von der UNESCO zum Biosphärenreservat erklärt.

ÜBERNACHTEN
Auberge Tinit
Südtirol trifft Marokko • 2005 erbaute, kleine Anlage mit Pool, die präsaharische Elemente mit europäischen verbindet. Brahim und Irmgard legen zudem Wert darauf, im schön dekorierten Restaurant möglichst nur frische Zutaten aus der Region zu verwenden.
Route de Goulmima • Tel. 05 35 79 17 59 • 15 Zimmer • €€€

Maison d'hôtes Sahara
Viel Gastfreundschaft • Das wunderbare Umland, Kheiras Art und das authentische Essen machen die Schlichtheit der Zimmer mehr als wett.
Zaouiat Amelkis, Aoufous-Errachidia • Tel. 06 66 18 56 39 (nur 8–10 Uhr) • http://maisondhotessahara.com • 5 Zimmer • €

ESSEN UND TRINKEN
Islane
Lokale Schlichtheit • Schattige Mini-Terrasse und marokkanische Hausmannskost. Eine angenehme Mischung aus Café und Restaurant.
An der Kreuzung der Straßen nach Midelt und Ouarzazate • €

EINKAUFEN
Ensemble Artisanal
Kunsthandwerk aus den Rissani-Ksour, Ammoniten und Objekte aus Stein mit fossilen Einlagerungen. Originell ist der Oasenschmuck: legierte, gezackte oder gerillte Armreife, Ohrgehänge, Fibeln.

Av. Moulay Ali Chérif, gegenüber der Mosquée du Ziz

SERVICE
AUSKUNFT
Délégation du Tourisme
44, bd. Prince Moulay Abdallah • Tel. 05 35 57 09 44 • E-Mail: dterrachidia @menara.ma

VERKEHR
Fernbusterminal
Gare routière CTM
Rue M' Daghra • Tel. 05 35 57 20 24

Ziele in der Umgebung
◎ **Erfoud** ▸ S. 153, südl. D 12
23 700 Einwohner
Der Hauptort des Tafilalet ist ein rostrotes Oasenstädtchen im Präsaharastil mit guten Hotels. 5200 ha mit über 300 000 Dattelpalmen und 42 Ksour umfasst die Oase. Infolge der Palmenfusariose Bayoud, einer Pilzkrankheit, hat sie sich stark gelichtet. Wer auf das **Ost-Borj** steigt, ein Fort auf dem 935 m hohen **Jbel Erfoud**, 1,5 km entfernt, überblickt das ganze Hochplateau mit den Tafilalet-Oasen.
79 km südl. von Errachidia

ÜBERNACHTEN
Kasbah Hotel Xaluca
Stilvoll rustikal • Unverputzer Stein, Himmelbetten, Pool und Spa mit angenehmer Größe.
Route Arfoud–Errachidia, km 5 • Tel. 05 35 57 84 50/51 • www.xaluca.com • 134 Zimmer, 8 Bungalows • €€€

◎ **Erg Chebbi** 🔟
▸ S. 153, südl. D 12
Sahara-Feeling für alle: Der Erg Chebbi der Oase Merzouga ist in wenigen Jahren zum absoluten Touristenmagneten geworden. 30 km lang,

MERIAN-Tipp

BUMMEL DURCH EIN WEHRDORF

▶ S. 153, D 12

An der schönsten Strecke der Flussoase des Ziz liegt der **Ksar Arbit**. Nach Durchschreiten des Winkeltorbaus mit Palmholzdecke nehmen etwa 1,50 m schmale, düstere Lehmgassen den Besucher auf. Links und rechts blinde Stampflehmmauern der Ksar-Häuser. Öffnet sich eine der Brettertüren, erhascht man einen Blick in Winkelflure, die in quadratische Innenhöfe mit Ziehbrunnen führen. 28 km nördl. von Erfoud, zwischen den Ksour Zrigat und Aoufouss • ein örtlicher Führer ist unerlässlich

10 km breit und maximal 150 m hoch, erhebt er sich als rotgoldener Sandberg markant aus der anthrazitgrauen Hamada, bei Sonnenauf- und -untergang ein fantastisches Farbenspiel. Entsprechend hat sich ein regelrechter Beherbergungs- und Erkundungsbetrieb am Saum der Düne entwickelt. Allein in **Hassi Labied**, 5 km nördl. von Merzouga, gibt es zahlreiche Unterkunftsmöglichkeiten und eine Fülle von Veranstaltern sowie selbst ernannten Guides, die anbieten, die eindrucksvollen Dünen zu Fuß, auf dem Rücken eines Kamels, mit dem Quad oder mit einem Allradfahrzeug zu erkunden und vielleicht auch bei ihnen zu übernachten – in einem Biwak mit Dinner unter dem Sternenhimmel. Wer alle Offerten höflich ablehnt, kann auch ganz individuell sein ruhiges Plätzchen zum Verweilen in der eindrucksvollen Wüstenlandschaft finden.

Anfahrt ab Rissani über die neue Asphaltstraße N 13 nach Merzouga (26 km). Pistenfreaks können weiterhin von Erfoud aus über die R 702 nach Merzouga holpern (53 km) und eine Rundfahrt machen. 132 km südöstl. von Errachidia

ÜBERNACHTEN

Auberge Kasbah Derkaoua ▮▮

Wüstencharme • In diesem Haus verbindet sich auf angenehme Weise saharische Tradition mit Komfort. 21 km Route de Rissani • Tel. 05 35 57 71 40 • www.aubergederkaoua.com • Jan. und Juni–Aug. geschl. • 22 Zimmer • €€

◎ Gorges du Ziz (Ziz-Tal)

▶ S. 153, D 12

Herrliche Blicke in die Schlucht, die der Fluss in das Kalkplateau der südlichsten Kette des Atlas geschnitten hat, bietet die Straße nach Rich. 30 km nördl. von Errachidia

◎ Rissani   ▶ S. 153, südl. D 12

6000 Einwohner

Spürbar wüstenhafter Oasenort. Das zweitwichtigste Kreisstädtchen des Tafilalet verwaltet die 11 650 ha große Rissani-Oase mit 300 000 Dattelpalmen und 114 alten Ksour. Rissani entstand anstelle von Sijilmassa, der einstigen Hauptstadt des Tafilalet. Im 12. Jh. war Sijilmassa ein bedeutender Knotenpunkt der Transsahara-Karawanen. An die legendäre Handelsstadt auf der »Goldroute« erinnern nur sandverwehte Mauern aus Lehm.

2,5 km südöstlich vom Zentrum zieht das aufwendige **Mausoleum des Moulay Ali Chérif**, des Stammvaters der Alaouiten-Dynastie, Pilger und Touristen an. Nichtmuslime können durch den mit Gipsstuck dekorierten

Händler auf dem Dattelmarkt in Rissani (▶ S. 108): Die Felder der fruchtbaren Flusstäler liefern ein buntes Angebot an Früchten und Gemüse für die Oasenstädte des Tafilalet.

Bogeneingang in den Innenhof blicken. Für Souk-Gänger: Di, Do und So ist bei den Filalis in Rissani Markt!
99 km südl. von Errachidia

ÜBERNACHTEN

Kasbah Ennashra

Räume im Berberstil • Erdfarben dominieren in der kleinen Anlage, die sehr ruhig etwas zurückgesetzt von der Hauptstraße N 13 liegt.
2 km vor Rissani, Ksar Labtarni • Tel. 05 35 77 44 03 • www.kasbahennasra.net • 15 Zimmer • €

◎ Tafilalet   ▶ S. 153, südl. D 12

Wer Exotik sucht, der dürfte von der Fahrt von Errachidia nach Erfoud begeistert sein. Vor allem die Strecke ab dem **Ksar Zouala**, wo sich der Mittellauf des Ziz zu schlängeln beginnt und die Palmen den Windungen des engen Trockenflussbettes folgen, zählt zu den landschaftlichen Höhepunkten Marokkos. Auch geschichtlich ist das Tafilalet eine wichtige Region, denn von hier stammt die regierende Alaouiten-Dynastie.
79 km südl. von Errachidia

Im Fokus

Berberburgen aus Lehm Kasbahs

mit ihren zinnenbekrönten Türmen sind Wehrbauten der ganz besonderen Art – in einigen können auch Urlauber wohnen.

Von der Abendsonne durchglüht, vor der majestätischen Kulisse glitzernder Schneegipfel, wirkt die Szenerie wie einem Traum entsprungen: die burgartigen Herrensitze der Berber, genannt »Tighremt«, auf Arabisch »Kasbah«. Ihr Verbreitungsgebiet reicht von den südöstlichen Hängen des Hohen Atlasgebirges bis zum Rand der Sahara. In dichter Folge charakterisieren diese märchenhaften Lehmburgen die Hochtäler des Dadès und des Drâa. Erbaut aus gestampfter Erde, vermischt mit Häcksel, und luftgetrockneten Lehmziegeln, fesselt die farbliche Einheit von Gebäuden und Gelände den Betrachter. Das Farbenspektrum der Kasbahs spielt von Ocker über Rotbraun bis hin zu Violetttönen. Zinnenbekrönte, sich nach oben verjüngende Türme beherrschen die Landschaft.

Machtsymbole

Während das quadratische oder rechteckige Hauptgebäude durch vier Ecktürme verstärkt wurde, sind die durch Anbauten, Höfe und Wehrmauern entstandenen Kasbahkomplexe gewachsener Großfamilien geradezu mit Türmen unterschiedlicher Höhe gespickt. Türme und Zinnenaufsätze symbolisieren Wehrhaftigkeit und Wohlstand. Sie stehen für wirtschaftliche und soziale Macht. Die reichhaltige Ornamentik bezeugt den Willen der Bewohner zur Selbstdarstellung.

◄ Die Erweiterung der Kasbahs durch immer neue Anbauten zeigt sich schön an diesem Komplex im Dadès-Tal (► S. 105).

Der geometrisch bestimmte ornamentale Schmuck in den oberen Zonen der Zwischenfassaden und Türme sowie die Farbe des Lehms machen die ländlichen Tighremts zu individuell gestalteten Wohnburgen. Durch eine unterschiedliche Art des Versetzens und die Form der Ziegel entsteht eine Art Basrelief, wobei fein gearbeitete Bänder aus Dreiecken, Rauten, Sägezähnen, Schachbrettmustern und Zickzacklinien vorherrschen, Ornamente, die auch für das Kunsthandwerk der Berber typisch sind. Bei Kasbahs jüngeren Datums reduziert sich der äußere Zierrat auf schlichte Einritzungen.

Im Inneren weist der hoch gelegene Empfangssaal einen reichhaltigen Deckenschmuck auf, gebildet aus kunstvoll gefügten Bambusstäben unterschiedlicher Länge, Breite und Farbe. Durch schmiedeeiserne Fenstergitter gewährt er den schönsten Ausblick. Bei der Kasbah mit Innenhof beziehen die vier Seitenräume nur durch den Hof Luft und Licht, sind nur vom Hof aus zugänglich, also vollständig introvertiert, wie das arabische Médina-Haus. Im Erdgeschoss liegen die Ställe für die Haustiere, Wohn- und Schlafbereich befinden sich in den Obergeschossen. Und auf dem Dachhof halten sich mit Vorliebe die Frauen und Kinder auf und genießen den weiten Blick über das Land.

Am Anfang stand der Ksar

Ohne den Ksar (Plural Ksour), die befestigte Siedlung, wären die Kasbahs nicht denkbar. Forscher vermuten, dass die ersten Wehrdörfer zwischen dem 2. und 4. Jh. n. Chr. entstanden, zu einer Zeit, als sich die Dattelpalme und das Dromedar vom Orient her über Ägypten in Südmarokko verbreiteten und den transsaharischen Handelsverkehr erst ermöglichten. Ksour entwickelten sich entlang der Karawanenstraßen. Sie charakterisieren heute die Flusslandschaften des Drâa, Dadès, Todra, Ziz, Rheris und Guir.

Innerhalb der Ksour oder auf schwer zugänglichen Felsköpfen wurden besonders wehrhafte Gemeinschaftsspeicher errichtet, in der Mehrzahl im Anti-Atlas. In den mit archaischen Schlüsseln verschließbaren Kammern verwahrten die Bewohner eines Ksar oder mehrerer Ksour ihre Erntevorräte, Urkunden und Wertgegenstände.

Zu Beginn des 18. Jh., als die Zeiten sicherer wurden, lösten sich die wohlhabenden Familien, Stammesführer und Notabeln aus der Enge der Ksour und zogen außerhalb der Umwallung individuell befestigte Wohnhäuser hoch. Kasbah ist der arabische Sammelbegriff für Wehrbauten. So heißen auch die Militärzitadellen, die im arabischen Westen zur Zeit der Almohaden im 12. Jh. aufkamen. Der Alaouiten-Sultan Moulay Ismaïl unterhielt noch im 18./19. Jh. an strategisch wichtigen Punkten 70 Militärkasbahs. Schließlich wird noch das vorkoloniale, separat befestigte Regierungsviertel innerhalb der Médina Kasbah genannt.

Wehrhäuser sind nicht mehr zeitgemäß. Viele sind fast oder ganz verlassen und verfallen. Als Ausdruck eines kulturellen Erbes gilt es, sie zu erhalten, indem man sie einer neuen Nutzung zuführt, sie zu Gästehäusern, Restaurants oder Museen umfunktioniert. Lehmarchitektur gibt es auf allen Kontinenten, in Marokko jedoch haben sich ganz eigenständige Bauformen herausgebildet, einmalig und unverwechselbar.

Agadir und der Süden

Wasser(sport)freuden und Wüstenzauber – die dünn besiedelte Sahara-Region mit ihren endlosen Sandstränden bildet einen reizvollen Kontrast zu dem quirligen Ferienbadeort.

◄ Handelskarawanen gibt es lange nicht mehr. Doch heute verdient man mit Kamelen im Tourismusgewerbe gutes Geld.

Agadir ist der ideale Ort, um mit Meer und Sonne zu entspannen. Zudem taugt die Hauptstadt der Sous-Region bestens als Sprungbrett für eine Tour in den Grand Sud, den weiten Süden Marokkos. Egal, ob man sich diesem über die Nationalstraße Nr. 1 annähert (bis Laâyoune sind es 680 km) und die Wüste hautnah erlebt oder per Flugzeug – spannend ist die Reise in die Sahara immer.

Agadir ▸ S. 150, C 6

600 000 Einwohner

Der herrliche Sandstrand hat die »Perle des Atlantiks« für den Tourismus prädestiniert. Bis 100 m breit säumt er die Uferfront und erstreckt sich 8 km weit bis zur Sous-Mündung. König Mohammed VI hält sich gern in seinem Palast in Agadir auf. Als Jet-Ski-Crack schätzt er die breite Bogenbucht, an der sich flimmernd weiß die Hafenstadt gruppiert. Nach dem verheerenden Erdbeben des Jahres 1960 konsequent in modernem Stil wieder aufgebaut, ist die rasch wachsende Hafenstadt neben der Fischverarbeitung heute vor allem vom Tourismus geprägt.

Mit Kulturdenkmälern kann die rasant expandierende Großstadt leider nicht brillieren. Dagegen kokettiert der Universitätsort (Uni Ibn Zohr) mit seiner subtropischen Vegetation, der Strandpromenade mit den hohen Palmen und seinem semiariden Klima. Allerdings bewirken die kühlen Auftriebsgewässer des Kanarenstroms häufig dichte sommerliche Küstennebel. Und nicht selten fegen Sandstürme aus der Sahara über die windige Westküstenstadt. Vielgestaltig präsentiert sich das Hinterland. Ausflüge führen in Datteloasen am Saharasaum, in die Bergwelt der Antiatlas-Berber, in das Zitrustal des Sous.

SEHENSWERTES

Fischerei- und Handelshafen

Während der Fischauktion vormittags herrscht maritimes Gewimmel.
Am nordwestl. Stadtrand

Kasbah Oufella

Bis zum Erdbeben von 1960 trug der 236 m hohe Berg oberhalb des Hafens eine bewohnte **Kasbah** aus dem 16. Jh. Geblieben sind nur Mauerreste. Umfassender Panoramablick auf Stadt, Bucht und Sous-Ebene.
Eintritt frei

La Vallée des oiseaux 👫

Stadtgarten mit Volieren, Lama- und Mufflongehegen.
Cité balnéaire, Eingang Bd. Hassan II • tgl. 9.30–12.30, 14.30–18 Uhr • Eintritt 5 DH

Souk el-Had

Samstags und sonntags bieten vormittags auf dem ummauerten 7-ha-Super-Souk an die 2000 Händler die Agrarprodukte der Sous-Ebene, Industriewaren und Kunsthandwerk feil.
3 km südöstl. vom Zentrum

MUSEEN

Musée du Patrimoine Amazigh

Hier sind verschiedene Schöpfungen der Berberkultur zu sehen: alte Portale, Küchengeräte, Schmuck, Teppiche. Auch Wanderausstellungen.
Passage Aït-Sous (Fußgängerzone hinter dem Theater) • Mo–Do 9–13, 14.30–18, Fr 15–21, Sa bis 13 Uhr • Eintritt 20 DH

SPAZIERGANG

An den **Boulevards du 20 Août** und **Mohammed V** haben sich parallel zum Strand dicht an dicht die Urlauberresorts etabliert. Weiter östlich verlaufen parallel dazu der **Boulevard Hassan II** und die **Avenue du Prince Moulay Abdellah** mit zahlreichen Terrassencafés und Geschäften. Der Puls der Stadt schlägt kräftig an der **Place Mohammed IV** mit der Fußgängerzone, dem Shoppingcenter und Terrassenlokalen. Ein guter Orientierungspunkt ist das weiße Minarett der Loubnan-Moschee, das Wahrzeichen von Neu-Agadir.
Dauer: 1 Std.

ÜBERNACHTEN

Sofitel Royal Bay

Abseits vom Trubel • Großzügiges, mit modernem Design (inkl. orientalischer Anklänge) ausgestattetes Resort im Süden der Stadt. Spa mit Anwendungen in Landestradition.
Baie des Palmiers, Cité Founty P4, Commune de Bensergao • Tel. 05 28 82 00 88 • www.accorhotels.com • 273 Zimmer • €€€

Robinson Club Agadir 🍴🎭

Tolle Lage • Weitläufiges Gelände mit schönem Strandabschnitt, viele Angebote für Familien mit Kindern aller Altersstufen.
Chemin des Dunes, Founty 2 • www.robinson.com • 302 Zimmer • €€/€€€

Riad VIlla Blanche

Boutique-Hotel • Ausgestattet in sanften Sand- und Cremetönen. Mit Spa und exquisitem Restaurant.
Baie des Palmiers, Secteur N°50, Cité Founty • Tel. 05 28 21 13 13 • www.riad villablanche.com • 28 Zimmer • €€

ESSEN UND TRINKEN

In den Lokalen an der Uferpromenade gibt es oft günstige Tagesgerichte oder Menüs, durchaus mit Spezialitäten wie Kamelfleisch (**Le Camel's**) oder Fisch (**Nil Bleu**).

Au Parasol Bleu

Französisch • Kleine Karte mit sehr schmackhaft gewürzten Gerichten, günstiges Mittagsmenü.
7 Complexe Tawada, Bd. de la Plage • Tel. 05 28 84 87 44 • €

Fisch-Garküchen am Hafen

Rustikal • In den kleinen Reihenrestaurants im Freien essen Einheimische und Urlauber an langen Tischen Fisch-Tajines und gegrillte Sardinen.
An der Verlängerung des Bd. Mohammed V, vor der Hafeneinfahrt • €

La Corne de Gazelle

Hausgemachtes Gebäck • Tajines, Pastillas, Nudeln, alles in guter Qualität. Aber unbedingt Platz lassen für etwas Süßes. Kleine Straßenterrasse.
Complexe Valtur (neben dem Casino Mirage) • Tel. 05 28 84 82 75 • €

EINKAUFEN

Ensemble Artisanal

Reiche Auswahl an Kunsthandwerk.
Rue du 29 Février, Nouveau Talborjt

AM ABEND

Flanieren Sie zum Sonnenuntergang an der Croisette entlang oder durch die Fußgängerzone Aït-Sous. Discos gibt es in den schicken Hotels.

SERVICE

AUSKUNFT
Bureau of Tourism
Agadir Tildi 28 • Tel. 06 27 46 26 52

VERKEHR
Fernbusterminal
CTM, SATAS, Supratours
Av. Abderrahim Bouabid

Flughafen
Aéroport Agadir Al-Massira
22 km südöstl. von Agadir • Tel. 05 28 83 91 22, 05 28 82 96 60

Royal Air Maroc
Av. Général Kettani • Tel. 05 28 82 91 20

Ziele in der Umgebung
◎ **Guelmim**   ▸ S. 150, B 7
117 000 Einwohner

Die rostrote Hauptstadt der Region Guelmim–Es-Smara am Nordrand der Sahara, daher »Bab Sahara« genannt, war bis ins 19. Jh. eine Etappe der Transsahara-Karawanen und der größte Kamelmarkt Afrikas. Auf dem Samstags-Souk verkaufen nach wie vor »Blaue Männer« ihre Dromedare. In Guelmim sind die Guedra-Tänzerinnen zu Hause.
199 km südwestl. von Agadir

ÜBERNACHTEN
Au Rendez-vous des Hommes Bleus

Einfache Stadtherberge • Schlichtes Haus mit TV, Restaurant und Bar.
447, av. Hassan II, Route de Sidi-Ifni • Tel. 05 28 77 28 21 • 18 Zimmer • €

Bislang galt der Strand von Agadir (▸ S. 113) als der bestausgestattete Marokkos. Im Rahmen des »Plan Azur« hat er jedoch starke Konkurrenz bekommen.

◎ Ifni ▸ S. 150, B 7

20 000 Einwohner

Der 1934 auf einer hohen Küstenterrasse erbaute Ort am Oued Ifni mit **Marabout Sidi Ifni**, Sandstrand und Fischereihafen wird vorwiegend von Surfern besucht. Es gibt nur kleine Hotels oder die fünf Gästezimmer von Sandrine und Patrick mit Table d'hôte (5, rue El-Jadida, Tel. 05 28 87 67 18, www.maisonxanadu.com, €€).
166 km südwestl. von Agadir

◎ Tafraoute ▸ S. 150, C 7

4900 Einwohner

In dem auf 1000 m Höhe gelegenen Tal im Herzen des Antiatlas hat der Wind bizarre Plastiken in den Fels gemeißelt. Scharfe Kontraste bilden die roten Granitfelsen zum Grün der Palmen. Im **Ölbaumtal der Ammeln** am Südfuß des 2359 m hohen Jbel Lekst liegen urige Berberdörfer.
143 km südöstl. von Agadir über Biougra und Aït-Baha

ÜBERNACHTEN

Hotel Les Amandiers

Die Aussicht macht's • Im Kasbah-Stil auf einer Kuppe erbaut, öffnet sich am Pool ein tolles Panorama.
Centre ville • Tel. 05 28 80 00 08 • www.hotel-lesamandiers.com • 67 Zimmer • €€

◎ Taroudannt ▸ S. 150, C 6

70 000 Einwohner

Provinzhauptstadt im Sous-Tal. Eingebettet in Zitrus- und Olivenplantagen, im Hintergrund die Barriere des Hohen Atlas, zieht die Altstadt viele Besucher an. Die ca. 8 km lange ismaïlische Lehmmauer kann man mit dem Fiaker umrunden. Die Place Jotia säumen Kunsthandwerksläden.
81 km östl. von Agadir

ÜBERNACHTEN

Riad Dar Zitoune

Berberparadies • Schlicht-luxuriöse Wohlfühloase in einem Garten Eden.
Boutarial el-Berrania • Tel. 05 28 55 11-41, -42 • www.darzitoune.com • 20 Zimmer und Suiten • €€€

◎ Tiznit ▸ S. 150, B/C 7

55 000 Einwohner

Tiznit rühmt sich seiner 500 Juweliere. Derzeit erfährt die alte Schmucktradition einen Aufschwung: Namhafte Designer liefern der Nachfrage angepasste Ideen, erfahrene »maâlems« (Meister) setzen sie in Stücke mit traditionellem Touch um. Donnerstags herrscht zum Souk reges Treiben. Danach geht es zur **Grande Mosquée** im Präsaharastil, in die **Kissaria des bijoutiers**, dann zum arkadengesäumten **Méchouar**, dem Hauptplatz. Die 4160 m lange Stadtmauer stammt aus dem Jahr 1882, dem Gründungsdatum Tiznits.
90 km südl. von Agadir

ÜBERNACHTEN

Bab el-Maâder

Médina-Gästehaus • Schnörkellos, aber sorgsam und farbenfroh restauriertes traditionelles Domizil. Persönliche Atmosphäre.
132, rue El-Haj Ali • Tel. 05 28 86 42 52 • www.bab-el-maader.com • 5 Zimmer • €

Laâyoune ▸ S. 148, C 1

184 000 Einwohner

Die Brücke **Marche verte** bei der Stadteinfahrt erinnert an den historischen »Grünen Marsch«. Ab 1976 wuchs südlich der einstigen, 1932 gegründeten spanischen Garnison eine moderne Großstadt in die Wüste. An den Silos und Aufbereitungsanlagen des 24 km westlich gelegenen Phosphat- und Handelshafens endet das 100 km lange Krupp'sche Förderband, das die Rohphosphate von der Lagerstätte Bou Kra durch die Wüste befördert. Und im Fischereihafen werden die größten Sardinenfänge Marokkos angelandet.

SEHENSWERTES
Grande Mosquée Moulay Abd el-Aziz

Aufwendigste Moschee der Südprovinzen mit Bibliothek und reichem maurischen Dekor. Eingeweiht 1978. Av. de la Mecque, beim Méchouar

SPAZIERGANG

Unser kurzer Bummel führt von der Neustadt in die Altstadt. Er beginnt im repräsentativen Zentrum Laâyounes, an der **Place du méchouar** mit dem Kongresspalast. Über die Rue de l'Islam erreicht man rechts ein rötlich ummauertes Gebäude: das einst von Spaniern erbaute Hotel Parador. Von hier zieht der **Boulevard Mohammed V** hinab in die Unterstadt, vorbei an klotzigen rostroten Verwaltungsgebäuden mit Ecktürmen. An der **Av. Hassan II** kontrastiert die weiße, Franz von Assisi geweihte **Kirche der Spanier** (1953). Staubige Allradfahrzeuge beherrschen den Straßenverkehr, am Steuer sitzen Uniformierte, Beamte, Techniker, Saharaouis im Kopfschmuck ihres schwarzen »Schesch« (Turban). Die lang gewandeten, spitzbärtigen Gestalten mit ihren blauen Überwürfen bzw. die mit grellbunten Melhfas drapierten Sahara-Frauen verbreiten exotisches Flair. Hinter den alten Ladenzeilen der Unterstadt erreichen wir den Roten Fluss.
Dauer: 15 Min.

ÜBERNACHTEN
Parador

Spanisches Flair • Quartier im Hacienda-Stil mit Pool und Patios hinter lehmfarbenen Mauern.
Rue Okba Ibn Nafia • Tel. 05 28 89 28 14 • 24 Zimmer • €€

Die Grande Mosquée Moulay Abd el-Aziz (▶ S. 117): Wahrzeichen von Laâyoune.

ESSEN UND TRINKEN

In der Avenue de la Mecque Nr. 183 bzw. 187 liegen zwei einfache Esslokale, **Le Poissonnier** (»Der Fischhändler«) und **La Perla**. Hier gibt es gute Fischgerichte, Pasta, Pizza und Paella. Kleine Rotisserien findet man an der Sahat Dchira und am Souk Jemal.

EINKAUFEN
Saharaoui-Gewänder

Sie heißen Ärmel »drâa«, die Überhänge in Blau und Weiß. Typisch ist die schräge, bestickte Brusttasche.
Souk Jemal, Westviertel der Altstadt

Schmuck

Traditionelles Gold- und Silberge-
schmeide, gegenüber der Grande
Mosquée Moulay Abd el-Aziz, in den
überkuppelten weißen Reihenläden.

SERVICE

AUSKUNFT
Délégation du Tourisme
Rue de l'Islam • Tel. 05 28 89 16 94

VERKEHR
Fernbusterminal
Gare routière CTM
200, av. de la Mecque •
Tel. 05 28 89 02 48

Supratours
Pl. Oum Saad

Flughafen
Aéroport Hassan I
2 km von Laâyoune • Tel. 05 28 89 33 46

Ziele in der Umgebung
◎ **Corniche Foum-el-Oued**
▸ S. 148, C 1/2

Stadtbusse und Taxis fahren zu diesem Strand. Hier hat sich durch den
Bau von Ferienhäusern eine Küsten-
siedlung entwickelt mit Cafés, Restaurants und dem Hotel **Nagjir Plage**
(Tel. 05 28 99 10 18, 75 Zimmer, €€).
25 km südwestl. von Laâyoune

◎ **Es-Smara**
▸ S. 149, D 2
40 500 Einwohner

In der sandsturmverwehten Wüsten-
stadt mit wichtiger Garnison steht die
verlassene »zaouïa« des religiös-poli-
tischen Sektenführers Ma' al-Ainain
(1830–1910). Der in Mauretanien
geborene, in Tiznit bestattete Koran-
gelehrte genießt große Ehren, denn
er führte 1905, beim Einmarsch der
Franzosen in Mauretanien, mit den
Nomadenstämmen Krieg gegen die
Kolonisten. Im Schutz der Natur-
steinfeste des Scheichs entstand 1869
ein sicherer Karawanenrastplatz als
Ursprung der Provinzhauptstadt.
240 km südöstl. von Laâyoune

◎ **Tan-Tan**
▸ S. 149, E 1
60 800 Einwohner

Erster Stopp auf der Fahrt nach Tan-
Tan ist **Tah**, einst spanischer Grenz-
posten der Spanisch-Sahara. Hier ver-
sammelten sich während des Grünen
Marsches 350 000 freiwillige Männer
und Frauen in einem großen Zeltla-
ger. Beiderseits der Straße erhebt sich
ein pyramidenförmiges Denkmal.
Der zweite Halt nach 115 km ist der
völlig abseits liegende Wüstenort **Tarfaya** (5615 Einwohner). Nur 56 See-
meilen westlich liegen die Kanarischen
Inseln! Am Strand erhebt sich ein
Denkmal in Form eines Doppelde-
ckers Bréguet XIV B2 zum Gedenken
an den französischen Kurierflieger
Antoine de St-Exupéry (1900–1944).
Der schrieb am nahen Cap Juby 1927
sein Buch »Südkurier«. Nähere Informationen hat das kleine örtliche
Musée de Saint-Exupéry aufbereitet.
Auf dem Wüstenplateau liegt die
Provinzhauptstadt **Tan-Tan**, ein geschäftiges Handelsstädtchen mit gro-
ßem Fischereihafen. In einer Grab-
anlage, westlich des Oued Ben Khlil,
ruht der Schutzpatron von Tan-Tan,
Scheich Mohamed Laghdaf Ma' al-
Ainain, Sohn des Marabout-Kriegers
und Gründers der Saharastadt Es-
Smara. Ihm zu Ehren findet im Dezember ein großer Moussem statt,
Treffpunkt der »Blauen Männer« mit
Kamelrennen. Im Jahr 2005 wurde
der Moussem von der UNESCO zum
Kulturgut der Menschheit erklärt.
351 km nordöstl. von Laâyoune

Ad-Dakhla   ▶ S. 148, A 4

58 500 Einwohner

Ungewöhnlich ist die Lage der weißen Lagunenstadt: zwischen Ozean
und Wüste, 20 km nördlich vom
Wendekreis des Krebses, über dem
die Sonne zur Zeit der Sonnenwende
im Zenit steht. Doch der kühle Kana-
renstrom sorgt für angenehme Tem-
peraturen. Bei Sportanglern, Kite-
Surf- und Jet-Ski-Fans gilt Marokkos
südlichste Atlantikstadt als Eldora-
do. Zudem umziehen golden schim-
mernde Strände die maximal 4 km
breite Wüstenlandzunge, die die Sa-
haraküste 48 km weit in den Atlantik
vorstreckt und somit eine Lagune
bildet, in der Muschel- und Austern-
zucht betrieben wird. Dakhla ist die
Hauptstadt der Region Oued Ed-Dahab–Lagouira.

SEHENSWERTES

Alter Hafen/Neuer Hafen

Die saharischen Küstengewässer zählen zu den reichsten Fischgründen
der Welt. Deshalb wurden hier vor-
rangig Fischereihäfen und neue Fi-
scherdörfer mit Ankerplätzen gebaut.
Östlich des Zentrums springt ein
Pier in die Lagune vor: der alte Hafen
(**Vieux port**). 2001 wurde ein neuer
Fischerei- und Handelshafen in Betrieb genommen. Der **Nouveau port**
mit Gefrieranlagen, Fischmehl- und
Fischölfabriken nimmt bereits den
vierten Rang der Fischereihäfen ein –
nach Laâyoune, Tan-Tan und Agadir.
4 km südwestl. von Ad-Dakhla

Marché Rue Imlili

In der gut sortierten Markthalle
drängen sich Saharaouis in wallen-
den Gewändern. Dass die Wüste
nicht unfruchtbar ist, beweisen die
angebotenen Produkte. Saharische
Kleinbauern aus dem Umland liefern Obst, Gemüse und Fleisch. Hier
ist es üblich, die Preise in Rial auszuschildern, obgleich in Dirhams bezahlt wird (20 Rial = 1 Dirham).

ÜBERNACHTEN

Sahara Regency

Dachterrasse mit Restaurant • Das
Komforthotel liegt mitten im Ort, nur
100 m von der Lagune entfernt.
Av. El Walaa • Tel. 05 28 93 16 66 • www.
sahararegency.com • 82 Zimmer • €€

ESSEN UND TRINKEN

Café-Restaurant Samarkand

Am Meeressaum • Einheimische und
Touristen stillen hier ihren Hunger.
Av. Mohammed V • Tel. 05 28 89
83 16 • €

SERVICE

AUSKUNFT

Délégation du Tourisme
Av. El-Walaa, Résidence Al-Baraka

VERKEHR

Fernbusterminal
Gare routière CTM
Bd. du 4 Mars • Tel. 05 28 89 87 90

Flughafen
Aéroport Dakhla
5 km nordöstl. • Tel. 05 28 89 70 50

STRÄNDE

Sandstrände umziehen die gesamte
Nehrung. Zu Fuß erreicht man den
nächsten Strand nach 2 km. Derzeit
sind Küstenstraßen entlang dem At-
lantik- und Lagunen-Ufer im Bau.
Einige Buchten nehmen Fischer in
Beschlag und trocknen ihre Fische,
und betuchte Einheimische haben
sich moderne Ferienhäuser an ver-
schwiegene Strände gesetzt.

Eine grüne Oase am Südhang des Hohen
Atlas: Wie aus dem Boden gewachsen er-
scheinen die trutzigen Kasbahs des Ksar
Aït-Arbi im Hochtal des Dadès (▶ S. 105).

Touren und
Ausflüge

Rasen soll und kann man auf Marokkos Straßen und staubig-steinigen Pisten nicht, dafür umso mehr die eindrucksvolle Landschaft genießen.

Marokko-Kaleidoskop – Die ganze Fülle der vielgestaltigen Natur erleben

CHARAKTERISTIK: Autorundreise auf guten, durchgängig asphaltierten Straßen; Start- und Endpunkt ist Tanger **DAUER:** je nach Tagesetappe ca. 2 Wochen **LÄNGE:** 2127 km (mit Abstechern 2653 km) **EINKEHRTIPP:** in allen größeren Städten und Orten **BESTE REISEZEIT:** zwischen Anfang Mai und Ende Sept. (geringe Überschwemmungsgefahr, freie Pässe, Baden im Atlantik) **KARTE ▶ S. 152, C 9–S. 150, C 5**

Diese mehr als 2000 km lange Tour erschließt das Kerngebiet im Dreieck Tanger–Tafilalet–Marrakech–Essaouira–Tanger. Sie macht mit allen wesentlichen Landschaftsformen von Marokko bekannt: bewaldete Mittelgebirge, das zerklüftete Hochgebirge, Flussoasen, Datteloasen, präsaharische Hochplateaus und schließlich die Atlantikküste mit ihren langen Sandstränden und den agrarisch genutzten Schwemmebenen im Hinterland.

Tanger ▶ Fès

Die kurvenreiche N 2 führt von Tanger durch die teils mit Kiefern bewachsenen Vorberge des Rif. Ca. 18 km vor Tétouan sollte man nicht versäumen, sich am obligaten Rastplatz aller Lastwagen und Pkws, der Gebirgsquelle **Aïn-Lahssene**, zu erfrischen.

Ab Tétouan geht es weiter auf der N 13 über **Chefchaouen** 🌟, den schönsten Ort des Rif, nach **Ouezzane** (ursprüngliche Médina). Vorbei an den Steilhängen der ausgezackten Westausläufer des Rifgebirges, an glänzenden Blechdächern verstreuter Dörfer, eingebettet in grüne Äcker. Ein Trockenflussbett mit rosa Oleander folgt den Windungen der Straße. Sanft steigen die Kuppelberge an, bis zum Gipfel dicht mit Strauchwerk, Eichen, Kiefern und Ölbäumen bewachsen. Jebala-Bäuerinnen mit breitkrempigen Basthüten reiten auf Mauleseln.

Das nächste Ziel, die Sultansstadt **Fès**, ist über die R 408 und R 501 zu erreichen. Der **Jbel Amergou** (681 m) bei Fès el-Bali trägt die Ruinen einer Almoravidenfestung aus dem 11. Jh. Wunderbare Ausblicke gewähren die Pässe nach der Sebou-Brücke.

Fès ▶ Zagora

Auf der N 8 nach Ifrane durchquert man das Saïss-Plateau mit seinen Wein- und Apfelkulturen und erreicht die Sommerfrische **Imouzzèr-Kandar** in 1350 m Höhe. Kurz nach Azrou (N 13) führt links eine Abzweigung in die **Forêt de Cèdres**, einen prächtigen Mischwald aus uralten Zedern und Eichen, Lebensraum von Berberaffen und Wildschweinen. Die einst viel bestaunte **Cèdre Gouraud** ist leider abgestorben. Die Bruchsteinhütten des urigen Bergdorfs **Timahdite** (1815 m) stehen auf steinigem Boden, dem der Holzpflug nur magere Früchte abzugewinnen vermag. Ab Itzer zieht sich die N 13 schnurgerade durch ein steiniges, mit Kugelbüschen bewachsenes Plateau in mehr als 1600 m Höhe dem Hohen Atlas entgegen. Im Blickfeld der **Jbel Ayachi** (3737 m). Über Midelt und den Tagalm-Pass (1907 m) erreicht man auf dem Weg durch karge Gebirgslandschaften das Präsaharaplateau. Bei **Rich** (N 13) beginnt die Einfahrt in die engen Schluchten des Ziz. Zu

Aït-Atta-Nomaden treiben ihre Herden durch ein Trockenbett des Dadès-Tals (▸ S. 105). Das Hochplateau an der Südflanke des Hohen Atlas hat bereits Steppencharakter.

Füßen der ockerfarbenen Steilhänge wachsen Dattelpalmen, Ölbäume und Tamarisken. Die Straße verläuft parallel zur Flussoase. Ab **Errachidia** eröffnet sich die Möglichkeit, einen Abstecher ins Tafilalet nach Erfoud und Rissani mit seinen ausgedehnten Datteloasen zu machen (N 13).

Auf der Strecke zwischen Errachidia und Goulmima (N 10) beeindrucken besonders die abrupt abstürzenden Plateauterrassen. Kurz vor **Goulmima** eröffnet sich ein hinreißender Panoramablick auf die dunkelgrüne Datteloase, die mit lehmbraunen Ksour durchsetzt ist. Die Datteloasen entlang des Flusses Todra zeichnen sich als grüne Inseln auf der sandig-gelben Hochebene ab.

Von **Tinerhir** aus kann man die **Todra-Schlucht** besuchen und dann auf der N 10 weiter in Richtung Boumalne fahren. Eindrucksvoll sind die Kasbahs von **Imiter** mit ihren sich nach oben verjüngenden Ecktürmen. Danach bietet sich ein fantastischer Blick auf die Atlaskette. Auch die auf der Hochebene weidenden Dromedare erregen Aufmerksamkeit.

Von **Boumalne** aus erreicht man die **Dadès-Schlucht**. Weiter nach Ouarzazate folgt die Route dem Tal des Dadès. Auf dem 1500 m hohen Plateau haben Obstbäume und Silberpappeln die gewohnten Dattelpalmen ersetzt, und vom 1585 m hohen Rosen-Ksar **El-Kelaâ M'Gouna** hat man einen herrlichen Rundblick auf die Gipfelregion des Hohen Atlas im Norden und das Sarhro-Massiv im Süden. Ab **Ouarzazate** empfiehlt sich ein Abstecher durch das faszinierende **Drâa-Tal** nach **Zagora** (N 9).

Zagora ▸ Marrakech

Folgt man von Ouarzazate aus der N 9 in Richtung Marrakech, so überrascht die Natur den Reisenden mit wechselnden Farben. Die Strecke führt das Asif-Imini-Tal aufwärts, vorbei an rotbraunen Lehmdörfern, die von Kasbahs überragt werden. Links und rechts schillern Kegel- und Tafelberge in Grün, Ocker und Braun, auf den Flussterrassen grünen die Äcker. Besonders malerisch ist das rötliche Dorf **Irherm n'Ougdal** auf einer Höhe von 1970 m. Bevor man zu dem 2260 m hoch gelegenen und windumbrausten Pass **Tizi-n-Tichka** kommt, kann man rechter Hand zur sehenswerten Glaoui-Kasbah von Telouèt abbiegen.

Nach dem Pass windet sich die Straße durch gelbliche Steilhänge abwärts. In **Taddert**, dem Dorf mit den vielen Nussbäumen, empfiehlt es sich, eine kleine Stärkung zu sich zu nehmen: Längs der Durchgangsstraße werden Fleischspießchen gegrillt. Es folgt eine zauberhafte Strecke zwischen Oleander und Eichen, durch ziegelrote Dörfer und grüne Terrassen, bis sich bei Taferiate das Tal weitet, um bei **Aït-Ourir** in die Hochebene von Marrakech überzugehen.

Marrakech ▶ Rabat

Von **Marrakech** aus erfolgt die Weiterfahrt auf der R 207 in Richtung **Essaouira**. Von dort führt nun die Binnenstraße N 1 über Tnine-Rhiate oder die 34 km kürzere Küstenstraße R 301 nach Safi. Der Kontrast könnte nicht größer sein: Prägten zuvor ab Ounara Ölbäume zu Füßen des Jbel (Berg) Hadid, Thuyen und Arganbäume das Bild, so säumen bei Safi ein Chemiekomplex und diverse Fischkonservenfabriken die Straße. Doch der Weg wird bald wieder pittoresker. Auf der Küstenstraße R 301 über Oualidia nach **El-Jadida** 🔺**3** sind es vornehmlich Gemüsefelder, Tomaten- und Bananenkulturen, die die Landschaft bestimmen, bevor in El-Jadida der vorher rege Eselsverkehr der Betriebsamkeit im Phosphata-

fen **Jorf-Lasfar** weichen muss. Folgt man weiter der N 1 in Richtung **Casablanca**, kommt man durch eine Schwemmebene, die insbesondere für den Anbau von Tomaten, Melonen, Mais und Getreide genutzt wird.

Die Weiterfahrt nach **Rabat** erfolgt auf der gebührenpflichtigen Autobahn, etwas abseits von den Sandstränden und Feriensiedlungen. Ab Rabat zieht die neue Autobahn nach Tanger durch den Korkeichenwald **Mamora**. Bei **Bouknadel** bringt ein Abstecher an die Sandstrände **Plage des Nations** oder Mehdiya-Plage in den Sommermonaten willkommenes Badevergnügen.

Kénitra ▶ Tanger

Von **Kénitra** aus empfiehlt sich wieder die N 1. Denn die Binnenstraße führt mitten durch das bewässerte und mechanisierte Agrargebiet, den **Rharb**. Die Ebene, von Kanälen und Wassertürmen bestimmt, ist Kornkammer und »Zuckerdose« für das Maghrebland. Für zahlreiche Reisende ist das geschäftige Handelszentrum **Souk-el-Arba-du-Rharb** ein obligatorischer Rastplatz. Hier sind zu beiden Seiten der Durchgangsstraße in einfachen Café-Restaurants preiswerte Gerichte zu haben, vor allem gegrillte Lammkotletts. So kommt man frisch gestärkt in **Larache** an.

Die letzte Etappe führt gleich hinter der Stadt direkt an der N 1 an römischen Ausgrabungen vorbei. Am Fuße eines Hügels sind die Überreste einer Fischpökelei, im oberen Teil der römischen Siedlung **Lixus** einige Sitzreihen des antiken Amphitheaters und ein Neptun-Mosaik zu sehen. Empfehlenswert ist auch ein Aufenthalt in **Asilah**, wo sich hinter einem portugiesischen Mauerring ein schmuckes Küstenstädtchen verbirgt.

Abenteuerfahrt zu den Aït-Aïssa –
Mit Eseln auf den Gipfelspeicher

CHARAKTERISTIK UND DAUER: Anstrengende Tagestour mit dem Auto, besser ist eine Übernachtung am Zielort **LÄNGE:** 233 km **ANFAHRT:** ab Agadir auf der N 1 über Tiznit nach Bouizakarn, dann auf der R 102 nach Taghjicht (195 km); 5 km hinter Taghjicht Abzweigung links (Schild) in die Piste nach Taïnzert (6 km), Souk-Tnine-Adaï (15 km), Id-Aïssa (Amtoudi, 33 km); ab Agadir auch Gruppenausflüge **EINKEHRTIPPS:** in Tiznit, Bouizakarn und am Zielort; im Hotel Amtoudi in Amtoudi mit Esslokal gibt es schlichte Zimmer ohne WC rund um den Patio (neben  Camping, Tel. 05 28 78 93 94, www.hotel-amtoudi.com €) **KARTE**
▶ S. 150, C 6–C 7

In den einstigen Nomadendurchzugsgebieten sicherten die ansässigen Oasenbauern ihre Vorräte in befestigten Gemeinschaftsspeichern. Die Aït-Aïssa-Berber stellen heute einen ihrer 1956 aufgegebenen und in den Jahren 2003 bis 2006 restaurierten Hochspeicher oberhalb der Oase **Amtoudi** (Provinz Guelmim) in den Dienst des Fremdenverkehrs.

Von der üppigen Datteloase aus wirkt der **Agadir** (Gemeinschaftsspeicher) mit seinen Umfassungsmauern auf dem schroffwandigen Felskopf wie eine Hochburg. Die Anlage entspricht der eines Wehrdorfes mit teilweise nur 80 cm breiten, felsigen Gassen, von denen schmalere, kurze Blindgassen abzweigen. Rechts und links der Gänge liegen Vorratskammern und Imkerräume. In den verschließbaren Speicherkammern lagerte jede Familie in früherer Zeit ihre Besitztümer und Vorräte (Getreide, Gemüse, Öl etc.). Auch wichtige Urkunden und Wertgegenstände kamen in den von verlässlichen Wächtern gesicherten Agadir.

Fantastisch ist der Ausblick auf das enge Tal mit der Oase zu Füßen der über 1000 m hohen Berge. Wer genügend Zeit hat, kann unten in der Oase eine Stunde südostwärts durch das geröllgefüllte Flussbett stolpern und erreicht so die Quelle (»la source«) in einer wilden Felsschlucht. Bequemer ist der Anritt aber mit Esel und Trei-

Ein einmaliges Reiseerlebnis sind Eseltouren im Gebiet der Aït-Aïssa-Berber.

ber. Trittsicher bahnt sich das Grautier den Weg durch das Dickicht, bis in die Nähe des kühlen Nass.

Tropfsteinhöhlen und Nationalpark-Panoramen – Unterwegs im Mittleren Atlas

CHARAKTERISTIK UND DAUER: Tagestour mit dem Auto in den Nationalpark von Tazekka **LÄNGE:** ca. 80 km ab Taza, nur zu den Höhlen Gouffre Friouato auch mit dem Grand Taxi möglich (ca. 22 km) **EINKEHRTIPPS:** speziell eingerichtete Picknickplätze unterwegs und das Restaurant Les Deux Rives, 20, av. Oujda, Taza, Tel. 05 35 67 12 27 € **AUSKUNFT:** Centre d'Information du Parc National de Tazekka (am Ortsausgang von Bab-Bou-Idir, aus Richtung Gouffre Friouato), www.tazekka.com **KARTE ▸ S. 153, D 10/11**

Im Zeitalter des Jura entwickelte sich in Marokko ein tropisches Kalkmeer. Sein ehemaliger Boden bildet heute weite Teile des Hohen und Mittleren Atlas. Das säurehaltige Grundwasser hat über die Jahrtausende regelrechte Tunnelsysteme in diese Gebirgszüge geätzt. Mehr als 200 sind davon erhalten, zugänglich ist jedoch nur eines der größten: der **Gouffre de Friouato**. Der Karstschacht liegt im ca. 12 000 ha umfassenden Nationalpark von Tazekka, dessen herrliche Zedern- und Grüneichenwälder zum Wandern und Spazierengehen einladen.

Wählt man zur Anfahrt die Nordroute (N 6), bieten sich zwischen Taza und Sidi Abdallah-des-Rhiata immer wieder traumhafte Panoramablicke. Die auf ungefähr 1500 m verlaufende, von einigen Picknickplätzen gesäumte Straße kann allerdings in der Zeit zwischen Dezember und Mai aufgrund von Schnee und Eis unpassierbar sein. Von Sidi Abdallah-des-Rhiata geht es zu Füßen des Jbel Tazekka (1980 m) über Beni Houardem, Bab Azhar und Bab-Bou-Idir in südöstlicher Richtung zum Gouffre Friouato. Mehr als 200 m tief reicht dieses riesige, zum Himmel hin offene Loch in die Erde hinein. Der Eingang befindet sich etwas oberhalb der Hauptstraße. 520 Stufen führen hinab in den Bauch der Erde. Festes Schuhwerk und eine Taschen- oder Stirnlampe sind hier unerlässlich.

Der Gouffre selbst gleicht ein wenig einem verwinkelten unterirdischen Palast, ebenso bizarr wie beeindruckend ausgestattet mit Stalagmiten und Stalaktiten und Wänden, aus denen sich die runden Ausbuchtungen von Konkretionen stülpen. Sein Eingang ist aber kein Portal, sondern eine winzige Pforte; im Klartext: ein Gesteinskorridor. Fast senkrecht kriecht man diesen hinab. Eine erste Grotte öffnet sich, flankiert von Tropfsteinen, die vom Boden hinaufstreben zur Höhlendecke. Wie die Wächter einer geheimen Schatzkammer wirken diese Kalkformationen. Und immer wieder wachsen auf dem weiteren Weg von unten wie oben Pfeiler, Säulen, Tau- und Lüstergebilde aus Tropfstein in den Höhlengewölben. Auf glitschigem Boden oder Brettern balanciert man vorbei an tiefen Löchern, etwa eine Stunde lang, bis zum Ende des begehbaren Parcours.

INFORMATIONEN

Tropfsteinhöhlen

Ganzjährig 7–20 Uhr • Eintritt 5 DH, Parkplatz 3 DH, geführte Tour 100–150 DH (Ausrüstung kann am Eingang geliehen werden)

Atlas aktiv – Auf zwei Rädern durch die Zedernwälder um Ifrane

CHARAKTERISTIK UND DAUER: Tagestour für sportliche, ausdauernde Mountainbiker durch eine herrliche Berglandschaft auf 1550 m Höhe **LÄNGE:** 48 km (37 km Asphalt, sonst Piste) ab Azrou bzw. Ifrane **EINKEHRTIPPS:** während der Tour keine! Nach der Rückkehr sich das Café Restaurant Relais Forestier, Place Mohammed V €; La Perle d'Azrou, mobil 02 12 (0) 6 10 13 59 15, www.laperled azrou.com **AUSKUNFT:** Association des Guides de Montagnes du Moyen Atlas Central Azrou Ifrane, www.tourisme-vert-ifrane.com; Parc National d'Ifrane, Tel. 05 35 56 12 96
KARTE ▶ S. 152, C 11 und 153, D 11

Etwa 60 km südlich von Fès wähnt man sich mitunter im Schwarzwald, auf den Höhen des Elsass oder in den Bergen der Schweiz: kristallklare kleine Seen, Hochebenen, Mittelgebirgsvegetation prägen die Region. Auf einer Höhe zwischen 1300 und 1500 m erstrecken sich hier zwischen dem Berberstädtchen Azrou und dem Wintersport- bzw. Sommerfrische-Ort Ifrane die berühmten **Forêts de Cèdres**, ein umfangreiches Waldgebiet, vorwiegend mit Zedern und Grüneichen. Ein ideales Wander- und Bikerrevier. Wie in Mitteleuropa, nur dass hier Magots (Berberaffen) leben – und sich bis in die Achtzigerjahre eine der größten und ältesten Libanon-Zedern der Welt beinahe 40 m hoch reckte mit einem Stammumfang von fast 10 m an der Basis: die Cèdre Gouraud. Inzwischen ist sie abgestorben. Benannt wurde sie nach dem im Ersten Weltkrieg verdienstvollen Pariser General Henri Joseph Eugène Gouaud.

Unsere Mountainbike-Tour beginnt ungefähr 8 km außerhalb von **Azrou**. An der Kreuzung (1730 m) Aïn Leuh/ Cèdre Gouraud geht es über einen von Zedern und Grüneichen gesäumten Weg bis zu einer großflächigen Alm – das Sommerquartier der Nomadenherden. Und weiter über die Route d'Afenourir (1800 m) – das ist ein Bergmaar und Vogelschutzgebiet – erneut in den Wald hinein. Mit Pistenetappen über Tagounit auf 1550 m Höhe und das Asphaltband Aïcha M'Barek-Kherzouza mit seinen Grüneichenhainen erreichen wir erneut den Ort Azrou. Wer sich für die geführte Variante entschieden hat, wird anschließend per Auto oder Minibus zu seiner Unterkunft nach **Ifrane** zurückgebracht.

Mountainbiken (frz. VTT von »vélo tout terrain«, also Allradfahrrad) ist in der Region im Prinzip das ganze Jahr hinweg möglich. Die marokkanische Mountainbike-Organisation (www.marocvtt.net) organisiert hier im Januar und Februar sogar regelmäßig sogenannte »Raids«, Wettkampftouren für jedermann. Die ideale Jahreszeit für Zweiradausflüge sind allerdings die Monate von April bis Oktober. Eine Reihe von Veranstaltern bietet eine ganze Palette von geführten Touren an – mit einer Dauer von einem Tag bis zu zehn Tagen. Unterkunft findet man wahlweise in Zelten oder Berghütten, am Start- und Zielpunkt in kleineren Hotels.

Unter der Meriniden-Dynastie entstanden
die prächtigsten Medersen Marokkos. Zu
ihnen gehört auch die Medersa Es-Sahrij
im Andalusier-Viertel von Fès (▶ S. 77).

Wissenswertes
über Marokko

Nützliche Informationen für einen gelungenen
Aufenthalt: Fakten über Land, Leute und Geschichte
sowie Reisepraktisches von A bis Z.

Auf einen Blick

Mehr erfahren über Marokko – Informationen über Land und Leute, von Bevölkerung über Politik und Sprache bis Wirtschaft.

AMTSSPRACHE: Arabisch, Amazigh
BEVÖLKERUNG: 73 % arabophone, 27 % berberophone Marokkaner
EINWOHNER: 32 597 000, davon ca. 60 000 Ausländer
FLÄCHE: 446 550 qkm, 710 850 qkm inkl. Südprovinzen (Ex-Span. Sahara)
HAUPTSTADT: Rabat (601 000 Einw.)
INTERNET: www.maroc.ma
RELIGION: Sunnitischer Islam
STAATSFORM: Konstitutionelle, demokratische, parlamentarische und soziale Monarchie
STAATSOBERHAUPT: König Mohammed VI
VERWALTUNG: 16 Regionen (inkl. Südprovinzen)
WÄHRUNG: Dirham (= 100 Centimes)

Bevölkerung

Das marokkanische Volk setzt sich aus vier ethnischen Gruppen zusammen: Arabern, Berbern, einer negroiden, dunkelhäutigen Minderheit, genannt Haratin (den Nachfahren von Sklaven aus Schwarzafrika, darunter die Gnaoua), und einer Restgruppe von etwa 5000 Juden. Die wenigen im Land ansässigen Ausländer sind in der Mehrzahl Franzosen und Spanier.

Politik

König Mohammed VI wurde von seinem Vater moralisch, intellektuell und politisch bestens für seinen »Beruf als König« vorbereitet. Er ist promovierter Jurist, viel gereist, sozial engagiert und spricht vier Sprachen.

◄ Aït-Hadidou-Mädchen auf Bräutigam-schau in Imilchil (► S. 25).

Auf die Protestmärsche im Zuge des »arabischen Frühlings« reagierte Mohammed VI positiv, indem er eine tief greifende Verfassungsreform ausarbeiten ließ. Wichtige Neuerungen: weitgehende Gewaltenteilung zur Stärkung des Parlaments, der Opposition und der Regierung, geführt vom Regierungschef. Damit hat der König wesentliche Prärogativen abgetreten. Beibehalten wurden die historischen Konstanten des Königstums, so auch der Titel Amir Al Mouminin (Führer der Gläubigen) – das ist der höchste geistliche Würdenträger des Landes. »Die Person des Königs ist unantastbar. Ihr gebührt Respekt«, heißt es nach Artikel 46 der neuen Verfassung. Legitimiert sind die Alaouiten-Herrscher durch ihre direkte Abstammung vom Propheten Mohammed.

Sprache

Staatssprache sind das moderne Standardarabisch und das Amazigh, eine Synthese aus den drei Berberidiomen Tarifit der Rif-Berber, Taschelhit der Schlöh und Tamazight der Beraber. Sie haben es erreicht, die Berberstämmigen (Amazighes = freie Männer): Ihre Sprache wurde am 1. Juli 2011 als marokkanisches Kulturgut gleichwertig mit dem Arabischen konstitutionalisiert. Sie wird unter Benutzung des alten Tifinagh-Alphabets der Tuareg schrittweise in die Lehrpläne und wichtige Bereiche des öffentlichen Lebens integriert. Auch die Mundart El-Hassani der arabischen Saharaouis wird gefördert. Der internationalen Kommunikation dient das Französische. In den einstigen spanischen Gebieten (von Tanger bis Nador, Ifni, Tarfaya, Westsahara) ist noch das Spanische in Gebrauch. Deutsch hört man immer häufiger in den touristischen Zentren Agadir und Marrakech, mit Englisch kommt man in den besseren Hotels zurecht.

Wirtschaft

Marokko ist ein Entwicklungsland mit marktwirtschaftlich orientierter Wirtschaft. Freihandelsabkommen bestehen mit den USA, der Türkei, Tunesien, Ägypten und Jordanien, die den Handel dynamisieren. Marokko besitzt drei Viertel der bekannten Weltreserven an Phosphat und ist der größte Phosphatproduzent der Welt. Ausgeführt werden auch Erze. Allerdings müssen 85 % der Energieträger eingeführt werden, deshalb entwickelt Marokko verstärkt seine Wind- und Sonnenenergie.

Führend in der Industrie sind Erdölraffinerien, Kraftfahrzeugmontagen, Chemiekombinate, Nahrungsmittel- und Textilbetriebe. Offshoring und Call Center expandieren, die Bauwirtschaft und Immobilienbranche befinden sich in einem Boom.

Fruchtbarer, mechanisch bewirtschafteter und künstlich bewässerter Schwemmboden lässt Frühgemüse, Ölpflanzen und Zitrusfrüchte für den Export gedeihen. Im Gegensatz dazu steht der herkömmliche Trockenfeldbau, der auf Niederschläge angewiesen ist. Knapp die Hälfte der Bevölkerung ist im Agrarbereich tätig.

Bedeutend ist auch die Seefischerei. Deren Produkte erzielen 50 % der Ausfuhren der Nahrungsmittelindustrie. Marokko ist der größte Exporteur von Sardinenkonserven weltweit. Wichtig neben dem Tourismus sind die Devisentransfers und Investitionen marokkanischer Emigranten.

Geschichte

400 000 v. Chr.

Funde von Kieferfragmenten belegen die Präsenz des Homo erectus.

8000–2000 v. Chr.

Auftreten der Berber in Nordafrika.

Ab 1100 v. Chr.

Phönizier aus der Levante gründen Faktoreien an den Küsten.

7. Jh. v. Chr.

Karthager übernehmen die Kontore der Phönizier.

Um 400 v. Chr.

Mehrere Berberstämme gründen das Reich Mauretania.

146 v. Chr.

Nach dem Sieg über Karthago kontrolliert Rom dessen Kontore.

25 v. Chr.–33 n. Chr.

Der Numidier Juba II. wird von Kaiser Augustus als Herrscher über Mauretania eingesetzt.

40 n. Chr.

Rom teilt das Gebiet in Mauretania Caesariensis und Mauretania Tingitana. Verwaltungssitz ist Volubilis.

5.–7. Jh.

Niedergang der antiken Zivilisation in Nordafrika durch die Wirren der Völkerwanderung und das Vordringen der Araber.

681/705

Erster und zweiter Vorstoß der muslimischen Araber bis in den Maghreb. Unterwerfung und Islamisierung der berberischen Mauretanier.

788

Idriss I aus dem arabischen Kernland gründet die erste arabo-islamische Dynastie in Marokko.

1061–1130

Herrschaft der Almoraviden (Sanhadja-Berber aus dem heutigen Mauretanien) und Gründung des ersten marokkanischen Großreiches.

1130–1269

Die Almohaden-Dynastie (hervorgegangen aus Atlas-Berbern) dehnt ihre Macht bis Al-Andalus aus und ermöglicht eine Blütezeit maurischer Kunst in Marokko und Spanien.

1269

Machtübernahme durch die Dynastie der Meriniden (Zenata-Berber Ostmarokkos). Hochblüte der maurischen Kultur im Maghreb.

1415

Portugiesen gründen Handelskontore an den Küsten.

1492

Rückeroberung (Reconquista) der letzten islamischen Gebiete in Spanien. Vertreibung der Mauren und Juden.

1497

Die Spanier setzen sich in Melilla fest.

1548

Machtwechsel durch arabische Saadier. Sie verdrängen die Portugiesen.

1568–1614

Ausweisung der letzten Muslime (Moriscos) aus Spanien und Ansiedlung in Marokko.

1580

Nach dem Abzug der Portugiesen übernehmen die Spanier Ceuta.

1666

Machtergreifung der aus Arabien eingewanderten Alaouiten. Sie haben bis heute den Thron inne.

1912

Beginn des französisch-spanischen Protektorats. Spanien verwaltet Gebiete Nordmarokkos sowie Tarfaya und Ifni. Tanger erhält 1923 einen internationalen Status.

1956

Marokko wird unabhängig. Aufhebung des Tanger-Status.

1961

Tod König Mohammed V. Sein Sohn besteigt als Hassan II den Thron.

1975

Hassan II organisiert den »Grünen Marsch« (Marche verte) von 350 000 zivilen Marokkanern, ausgerüstet mit dem Koran, in die Spanisch-Sahara.

1976

Die Polisario, die Befreiungsbewegung der Westsahara, ruft die Demokratische Arabische Republik Sahara aus und bildet eine Exilregierung.

1979

Verwaltung der gesamten Ex-Spanisch-Sahara durch Marokko.

1989

Gründung der Union des Arabischen Maghreb (UMA = Union du Maghreb Arabe) unter Zusammenschluss von Algerien, Libyen, Marokko, Mauretanien und Tunesien.

1992

Wesentliche Verfassungsänderungen werden durch ein Plebiszit angenommen. Bekenntnis zu den universellen Menschenrechten.

1993

Bei den Parlamentswahlen erringen erstmalig zwei Frauen Sitze in der Volksvertretung.

1994

Am 15. April Unterzeichnung des Welthandelsabkommens GATT in Marrakech. Gründung der WTO.

1996

Das Plebiszit vom 13. September bejaht die Einrichtung eines Zweikammerparlaments zur Stärkung der Regionen und der Demokratie.

23. Juli 1999

König Hassan II stirbt. Nachfolger wird sein ältester Sohn. Er besteigt als Mohammed VI den Alaouiten-Thron.

16. Mai 2003

Selbstmordattentat in Casablanca mit 42 Toten und 65 Verletzten.

25. November 2011

Nach einer Verfassungsänderung unter dem Eindruck des Arabischen Frühlings finden die ersten Parlamentswahlen in Marokko statt. Gewinner ist die gemäßigt islamistische Partei für Gerechtigkeit und Entwicklung (PJD).

27. Mai 2012

Mit einem Marsch für die Würde (»marche de la dignité«) protestieren in Casablanca Zehntausende gegen die Politik der erst wenige Monate amtierenden Regierung Benkirane.

Sprachführer Französisch

Aussprache

~ über einem Vokal bedeutet, dass
er nasal ausgesprochen wird:

ã wie chance

ẽ wie terrain

õ wie bonbon

Wichtige Wörter und Ausdrücke

Ja – oui [ui]

Nein – non [nõ]

danke – merci [mersi]

gern geschehen – de rien [dö rjän]

Wie bitte? – comment [komã]

Ich verstehe nicht. – je ne com-
prends pas [schö nö kõmprã pa]

Entschuldigung – pardon/excusez-
moi [pardõ/exküseh-moa]

Hallo – salut [salü]

Guten Morgen/Tag – bonjour
[bõschur]

Guten Abend – bonsoir [bõsuar]

Auf Wiedersehen – au revoir
[oh röwuar]

Ich heiße … – je m'appelle
[schö mapäl]

Ich komme aus … – je suis de
[schö süi dö]

– Deutschland. – l'Allemagne
[l'allmanj]

– Österreich. – l'Autriche
[l'otrisch]

– der Schweiz. – la Suisse [la suis]

Wie geht's? – comment allez-
vous/vas-tu [kommät alleh-
wu/kommã wa-tü]

Danke, gut. – bien, merci
[bjẽ mersi]

wer, was, welcher – qui, quoi, lequel
[ki, koa, lökel]

wann – quand [kã]

wie viel – combien [kombiẽ]

wie lange – combien de temps –
[kombiẽ dö tã]

Sprechen Sie Deutsch/Englisch?
– parlez-vous allemand/
anglais [parleh-wu almã/
ãnglä]

heute – aujourd'hui [oschurdüi]

morgen – demain [dömẽ]

gestern – hier [iär]

Zahlen

eins – un [ẽ], une [ün]

zwei – deux [döh]

drei – trois [troa]

vier – quatre [katr]

fünf – cinq [sẽk]

sechs – six [sis]

sieben – sept [set]

acht – huit [üit]

neun – neuf [nöf]

zehn – dix [dis]

einhundert – cent [sã]

eintausend – mille [mil]

Unterwegs

rechts – à droite [a droat]

links – à gauche [a gohsch]

geradeaus – tout droit [tu droa]

Wie kommt man nach …? –
pouvez-vous m'indiquer le
chemin pour aller à [puwe wu
mẽdike lö schömã pur ale a]

Wo ist … – où se trouve
[u sö truw]

– die nächste Werkstatt? –
le garage le plus proche
[lö garasch lö plü prosch]

– der Bahnhof? – la gare [la gar]

– die nächste U-Bahn? –
l'arrêt de métro le plus proche
[larrä dö metroh lö plü prosch]

– der Flughafen? – l'aéroport
[laehropor]

– die Touristeninformation?
– l'office de tourisme
[loffis dö turism]

– die nächste Tankstelle? –
la station-service la plus proche
[la stasjõ servis la plü prosch]

Bitte voll tanken! – le plein s'il vous
plaît [lö plẽ sil wu plä]

Normalbenzin – essence [esãs]

Ich möchte ein Auto/Fahrrad
mieten. – je voudrais louer une
voiture/un vélo [schö wudrä lueh
ün voatür/ẽ welo]

Wir hatten einen Unfall. – on a eu
un accident [õna ü ẽ aksidã]

Wo finde ich … – où est-ce que je
trouve [uäskö schö truw]

– einen Arzt? – un médecin
[ẽ medsẽ]

– eine Apotheke? – une pharmacie
[ün farmasi]

Eine Fahrkarte nach … bitte!
– un ticket pour … s'il vous plaît!
[ẽ tikä pur …, sil wu plä]

Übernachten

Ich suche ein Hotel. – je cherche un
hôtel [schö schersch ẽnohtäl]

Haben Sie noch Zimmer frei …
– avez-vous encore des chambres
de libres [aweh-wu ãkor deh
schäbrdö libr]

– für eine Nacht? – pour une nuit
[pur ün nüi]

– für eine Woche? – pour une
semaine [pur ün sömän]

Ich habe ein Zimmer reserviert.
– j'ai réservé une chambre
[schä reserveh ün schäbr]

Wie viel kostet das Zimmer …
– combien coûte la chambre
[kombiẽ kut la schäbr]

– mit Frühstück? – avec le petit déjeuner [awek lö pöti dehschöneh]

– mit Halbpension? – en demi-
pension [ã dömi pãsiõ]

Kann ich das Zimmer sehen?
– est-ce que je peux voir la chambre
[äskö schö pöh vuar la schäbr]

Ich nehme das Zimmer. – je prends
la chambre [schö prã la schäbr]

Ich möchte mich beschweren.
– je voudrais porter plainte.
[schö wudrä porteh plẽt]

funktioniert nicht – ne marche pas
[nö marsch pa]

Essen und Trinken

Die Speisekarte bitte! – la carte s'il
vous plaît [la kart sil wu plä]

Die Rechnung bitte! – l'addition s'il
vous plaît [ladisjõ sil wu plä]

Ich hätte gern … – Je vais prendre
– [schö wä prãdre]

Wo finde ich die Toiletten
(Damen/Herren)? – où sont les
toilettes? (dames/hommes)
[u sõ leh toalät (dam/om)]

Kellner/-in – monsieur/made-
moiselle/madame [mösjöh/
madmoasel/madam]

Frühstück – petit déjeuner
[pöti dehschöneh]

Mittagessen – déjeuner
[dehschöneh]

Abendessen – dîner [dineh]

Einkaufen

Wo gibt es …? – où se trouve
[u sö truw]

Haben Sie …? – avez-vous
[aweh-wu]

Wie viel kostet …? – combien ça
coûte? [kombiẽ sa kut]

Das ist zu teuer. – c'est trop cher
[sä tro schär]

Geben Sie mir bitte 100 Gramm/
ein Kilo … – je voudrais cent
gramme/un kilo de [schö wudrä
sã gram/ẽ kilo dö]

Briefmarken für einen Brief/eine
Postkarte nach … – des timbres
pour une lettre/carte postale pour
[deh tẽbr pur ün lettr/ün kart
postal pur]

Kulinarisches Lexikon

A

agneau – Lamm
ail – Knoblauch
amandes – Mandeln
artichauts – Artischocken

B

beignet – Pfannengebackenes
beurre – Butter
bisque – Krebssuppe
blanc de poulet – Hühnerbrust
bœuf – Rindfleisch
boisson – Getränk
brik – Teigtasche
briouates – frittierte Blätterteig-
   taschen, süß oder würzig gefüllt
brochettes de kefta – gegrillte Hack-
   fleischspießchen (Rind/Lamm)

C

café – Kaffee
canard – Ente
chou-fleur – Blumenkohl
concombre – Gurke
coquelet – Hähnchen
coquillages – Muscheln
crêpe – dünner Pfannkuchen
crevettes – Garnelen
crudités – rohe Salate
crustacés – Krustentiere
cumin – Kreuzkümmel

D

dattes – Datteln
daurade – Meerbrasse
dinde – Pute

E

eau – Wasser
– minérale – Mineralwasser
écrevisses – Krebse
entrecôte – Lendenstück
escalope – Schnitzel
espadon – Schwertfisch

F

figues – Feigen
foie m'chermel – frittierte Kalbs-
   leber, gewürzt mit Paprika,
   Kreuzkümmel, Koriander
fraises – Erdbeeren
fromage – Käse
– de chèvre – Ziegenkäse
fruits – Früchte
– de mer – Meeresfrüchte

G

gâteau – Kuchen
gigot – Hammelkeule
glace – Speiseeis
griouch – in Öl frittiertes und in
   Honig getränktes Sesamgebäck

H

haricots – Bohnen
harissa – Chilisauce
hors d'œuvre – Vorspeisen
huîtres – Austern

J

jambon – Schinken
jus de fruits frais – ausgepresster
   Fruchtsaft
– de grenades – Granatapfelsaft
– d'oranges – Orangensaft

K

kaab el-ghazal – Mandelgebäck
   in Form von Gazellenhörnern,
   oft in Puderzucker gewälzt
kabab – Grillspieß aus Rinderfilet
   oder Lammfleisch
kefta m'chermla – Hackfleisch-
   bällchen in Zwiebelsoße

L

lait – Milch
– d'amandes – Mandelmilch
lapin – Kaninchen

lben – Buttermilch
légume – Gemüse
lotte de mer – Seeteufel

M

maquereaux – Makrelen
m'chermel – rote Soße, ein Gemisch
   aus drei verschiedenen Soßen
menthe – Minze
m'hammar – rote Soße auf der
   Basis von Butter, süßem Paprika
   und Kreuzkümmel
miel – Honig
moules – Miesmuscheln
mouton – Hammel, Schaf
m'qualli – gelbe Soße auf der Basis
   von Öl, Ingwer und Safran

N

navets – Rübchen
noix – Walnuss

O

œuf – Ei
oignons – Zwiebeln

P

pain – Brot
– marocain – Weizen- oder
   Gerstenbrot
pâte – Teigwaren
pêche – Pfirsich
plat du jour – Tagesgericht
poire – Birne
pois – Erbsen
poisson – Fisch
poivre – Pfeffer
poivrons verts – grüne Pfeffer-
   schoten
pommes – Äpfel
– de terre – Kartoffeln
porc – Schwein
potage – Suppe
poulet – Hühnchen
poulpe – Krake
prune – Pflaume

R

raisins – Trauben
– secs – Rosinen
repas – Mahlzeit
riz – Reis
rôti – Braten, gebraten
rouget – Meerbarbe

S

salade – Salat
saumon – Lachs
seiche – Tintenfisch
sel – Salz
sole – Seezunge
sucre – Zucker

T

tajine de viande aux amandes et
   oignons (k'dra) – Mandel-
   Zwiebel-Tajine
– de viande aux artichauts (k'dra) –
   Artischockentajine
– de viande aux coings et au miel –
   Quittentajine mit Honig
– de viande à la courge (m'qualli) –
   Kürbistajine
tarte – Torte
terrine – Fleischpastete
thé – Tee
– au citron – Tee mit Zitrone
– au lait – Tee mit Milch
– à la menthe – Grüntee mit
   frischer Pfefferminze
thon – Thunfisch
tournedos – Rinderfilet
truite – Forelle
turbot – Steinbutt

V

veau – Kalb
viande – Fleisch
– bleue – leicht durchgebraten
– à point – durchgebraten
– saignante – nicht durchgebraten
vin – Wein
volaille – Geflügel

Reisepraktisches von A–Z

ANREISE

MIT DEM FLUGZEUG

Linienflüge werden von mehreren Fluggesellschaften, u. a. Lufthansa, KLM, Air France und Royal Air Maroc (bzw. deren Billiglinie Atlas Blue, die aber über keine eigenen Buchungstools verfügt), angeboten. Von München, Frankfurt, Düsseldorf oder Genf, Paris, Basel-Mulhouse, Brüssel geht es nonstop zu einem der elf internationalen Flughäfen Marokkos (Casablanca, Essaouira, Tanger, Marrakech, Fès, Agadir, Ouarzazate u. a.). Günstiger, wenn auch meist zeitlich begrenzt, sind **Charterflüge**. Die Zielflughäfen sind vor allem Agadir und Tanger. Sowohl Condor als auch Air Berlin (buchbar über Tuifly) bieten derzeit Flüge nach Agadir an. Air Berlin steuert zudem zweimal wöchentlich im Direktflug Tanger und zwei- bis dreimal Nador an. Ryanair fliegt ab Frankfurt-Hahn und Düsseldorf-Weeze nach Fès und Marrakech.

Von der Drehscheibe Casablanca bedient Royal Air Maroc (RAM, www.royalairmaroc.com, in Marokko Tel. 08 90 00 08 00, in Deutschland 0 69 92 00 14 61) das Inland, **Anschlussflüge** bestehen in alle Landesteile.

Auf www.atmosfair.de und www.myclimate.org kann jeder Reisende durch eine Spende für Klimaschutzprojekte für die CO$_2$-Emission seines Fluges aufkommen.

MIT DEM AUTO

Marokko auf dem Landweg zu erreichen ist ein ziemlich zeitaufwendiges und strapaziöses Unternehmen und damit wirklich nur Reisenden, die sich längere Zeit in Marokko aufhalten wollen, zu empfehlen.

Aus Norddeutschland kommend fährt man die Strecke Liège–Paris–Tours–Bordeaux–Bayonne–Burgos–Madrid–Córdoba–Sevilla–Algeciras und nimmt dort die Fähre nach Marokko. Eine Alternativroute führt über Süddeutschland und die Schweiz nach Grenoble–Nîmes–Granada und Málaga. Dort besteigt man die Fähre nach Spanisch-Melilla in Nordmarokko oder fährt weiter nach Algeciras, um nach Tanger überzusetzen.

MIT DEM BUS

Eurolines/Deutsche Touring (www.touring.de) bietet via Paris (Abfahrt 11 Uhr) Busverbindungen nach Marokko u. a. von Frankfurt, Mannheim und Saarbrücken an. Zielort ist Tanger (Ankunft ca. 21.30 Uhr), von dort geht es nach dem Umstieg direkt weiter nach Casablanca (ca. 3 Uhr), Fès (ca. 6 Uhr) und Marrakech (ca. 8 Uhr).

MIT DEM SCHIFF

Zwischen Südeuropa und Marokko gibt es mehrere Fährverbindungen: **Algeciras/Südspanien–Tanger-Med** (Fast Ferry 1 Std., sonst 2 1/2 Std.); tgl. **Algeciras–Spanisch-Ceuta/Nordmarokko** (35 Min.–1 1/4 Std.); tgl. **Málaga–Spanisch-Melilla/Nordmarokko** (5–8 Std.); tgl. **Tarifa/Südspanien–Tanger-Ville** (35 Min.); tgl. **Almería–Al-Hoceima** (8 Std.); Mitte Juni–Ende Sept. **Valencia–Tanger-Med** (18 Std.); zweimal wöchentl., Grimaldi-Lines. **Barcelona–Tanger-Med** (27 Std.); einmal wöchentl., Grimaldi-Lines. **Genua/Italien–Tanger-Med** (48 Std.); Mitte Juni–Ende Sept. mit COMANAV (www.aferry.com).

Sète/Südfrankreich–Tanger-Med
(36 Std.); alle 4 Tage, Mitte Juni–
Ende Sept. mit COMANAV.

MIT DEM ZUG

Die schnellste Verbindung bietet die
Strecke Paris–Madrid–Algeciras. Mit
der Fähre setzt man vom Süden Spaniens nach Tanger-Med über. Dort
gibt es ab Ende 2011 einen Direktzug
nach Tanger-Ville mit Anschluss nach
Rabat–Casablanca–Marrakech bzw.
Meknès–Fès–Oujda.

AUSKUNFT
IN DEUTSCHLAND, ÖSTERREICH UND DER SCHWEIZ
Staatliches marokkanisches Fremdenverkehrsamt

– Graf-Adolf-Str. 59, 40210 Düsseldorf • Tel. 02 11/37 05 51 • www.
visitmorocco.com
– Kärntner Ring 17/2/23, 1010 Wien •
Tel. 01/5 12 53 26 • E-Mail: marokko
tourismus@aon.at
– Schifflände 5, 8001 Zürich •
Tel. 04/42 52 77 52 • E-Mail:
info@marokko.ch

IN MAROKKO
Staatliches Marokkanisches Fremdenverkehrsamt (ONMT)
▶ S. 65, südwestl. a 4

Rabat, Angle Rue Oued El-Makhazine
et Rue Zalaga, BP 19, Agdal • Tel.
05 37 67 40 13, 05 37 67 39 18 •
E-Mail: contact@onmt.org.ma

Für Auskünfte sind die **Délégations
du Tourisme** in den Städten zustän-
dig (▶ bei den jeweiligen Orten im
Kapitel »Unterwegs in Marokko«).

BRIGADE TOURISTIQUE

1995 kam die erste »brigade touristique« (Touristenpolizei in Zivil) zum
Einsatz. Seither hat die Belästigung
durch falsche »guides« und aggressi-
ve Schleuser spürbar abgenommen.

BUCHTIPPS

**Elias Canetti: Die Stimmen von
Marrakesch. Aufzeichnungen nach
einer Reise** (Süddeutsche Zeitung/
Bibliothek, 2004) Der Literaturpreis-
träger Canetti (1905–1994) erzählt
von seinem Aufenthalt in dieser bemerkenswerten Stadt im Jahr 1954.
**Paul Bowles: Himmel über der
Wüste** (Goldmann Verlag, 2006) Ein
packender, in der Sahara spielender
Abenteuerroman des berühmten New
Yorker Schriftstellers. Bowles (1910–
1999) begleitet das Ehepaar Port und
Kit Moresby auf der Suche nach sich
selbst. Bernardo Bertolucci verfilmte
das Thema 1990 in Marokko.
Tahar Ben Jelloun: Zurückkehren
(Berlin Verlag, 2010) Jüngster Roman
des marokkanischen Autors und Psy-
chotherapeuten zum Thema Heimat
und Auswanderung, Identifikation
und Anpassung.

DIPLOMATISCHE VERTRETUNGEN
**Botschaft der Bundesrepublik
Deutschland**
▶ S. 65, b 2

7, Zankat Madnine, Rabat • Tel. 05 37
21 86 00, Notruf: 06 61 14 70 59 •
www.rabat.diplo.de

**Botschaft der Republik
Österreich**
▶ S. 65, c 3

2, Zankat Tiddas, Rabat •
Tel. 05 37 76 40 03, 05 37 76 16 98 •
E-Mail: rabat-ob@bmeia.gv.at

Schweizerische Botschaft
▶ S. 65, c 2

Square de Berkane, Rabat •
Tel. 05 37 26 80-30, -31, -32 •
www.eda.admin.ch/rabat

FEIERTAGE

In den Städten sind alle gesetzlichen Feiertage an den bereits am Vorabend angestrahlten Freitagsmoscheen und der Konturenbeleuchtung wichtiger Amtsgebäude erkenntlich. Anlässlich des Thronfestes am 30. Juli erreichen die Beleuchtungseffekte ihren Höhepunkt, besonders in dem Ort, den der König für den Ablauf des höfischen Zeremoniells bestimmt.

Religiöse Feste begeht das Volk mit einem guten Essen, mit Besuchen von Verwandten, dem Geben von Almosen und der Teilnahme am Gebet in der Moschee. In Marokko laufen gregorianischer und muslimischer Kalender nebeneinander.

Staatsfeiertage

1. Jan. Neujahr
11. Jan. Gedenktag an das »Manifest der Unabhängigkeit« der Istiqlal-Partei vom 11. Jan. 1944
1. Mai Tag der Arbeit
30. Juli Thronfest Mohammed VI
14. Aug. Tag der Rückgliederung der Region Oued Ed-Dahab–Lagouira
20. Aug. Jahrestag der Exilierung Mohammeds V 1953 nach Madagaskar
21. Aug. Geburtstag Mohammeds VI (geb. 1963), Jugendfest
6. Nov. Jahrestag des »Grünen Marsches« 1975 in die Westsahara
18. Nov. Jahrestag der Unabhängigkeitserklärung 1956

Islamische Feiertage und besondere Daten

(eingebunden in den Mondkalender) Das aus zwölf Mondumläufen bestehende, reine Mondjahr der Muslime hat 354 Tage (Schaltjahr 355 Tage). Es ist eingeteilt in abwechselnd 29- und 30-tägige Monate. Da das Mondjahr zehn bis elf Tage kürzer ist als das Sonnenjahr, laufen die Monate durch alle Jahreszeiten. Der Monatsbeginn wird durch das jeweilige Sichtbarwerden des Neumondes bestimmt, kann also nie auf den Tag genau vorhergesagt werden. Im Maghreb erscheint der Neumond später als im Maschrik. Demnach ist etwa das Datum Saudi-Arabiens nicht identisch mit dem Marokkos.

1. Moharrem
Muslimischer Neujahrsbeginn
10. Moharrem
Achoura (zehnter Tag) Fest der Kinder. 2007 trat erstmals Baba Achoura auf, eine Art muslimischer Nikolaus.
12. Rebia el-Ouel
Mouloud, Geburtstag des Propheten Mohammed
29. oder 30. Chaban
Chabana, Vorabend des Fastenmonats Ramadan. Die Medien informieren über die offizielle Sichtung des Neumondes am Abendhimmel. Es folgt die Umstellung des Tagesablaufs auf die Fastenzeit.
Ramadan
Neunter Monat im Jahr der Moslems, vom Koran als Fastenmonat bestimmt
1. Choual
Aïd es-Seghir (kleines Fest) oder Aïd el-Fitr (Fest des Fastenbrechens), beschließt den Fastenmonat Ramadan
Dou'l-Hidja (der Pilgerfahrt)
Zwölfter und letzter Monat im Jahr. Während der ersten zehn Tage finden die großen Feierlichkeiten der Wallfahrt nach Mekka statt. Zurückkehrende Mekka-Pilger tragen den begehrten Titel Hadj/Hadja und werden im privaten Rahmen groß gefeiert.
10. Dou'l-Hidja
Aïd el-Kebir (großes Fest) oder Aïd el-Adha (Fest des Opfers). Der Höhepunkt ist die zeremonielle Schäch-

tung eines Opferschafs im Königspalast und – soweit es der Geldbeutel zulässt – in jedem einzelnen Haushalt. Die kanonischen Feste **Aïd es-Seghir** und **Aïd el-Kebir** sowie **Mouloud** dauern jeweils zwei Tage.

FEILSCHEN

Die Manie des Feilschens ist inzwischen stark rückläufig. Nachdem die Regierung den Händlern empfohlen hat, ihre Waren zu angemessenen Festpreisen auszuschildern, folgten viele dieser Aufforderung.

FKK

FKK verstößt bekanntermaßen gegen die islamische Moral.

FOTOGRAFIEREN

Trotz flexibler Auslegung des Bilderverbots des Korans sind strenggläubige Muslime bilderfeindlich. Vor allem verschleierte Frauen, die ländliche Bevölkerung oder Betende reagieren schockiert auf die Fotografierwut der Touristen. Dagegen spielen Wasserverkäufer, Gaukler, Kameltreiber u. a. gerne Fotomodell – und bestehen anschließend auf ihrem »Honorar«.

FREMDENFÜHRER (»GUIDE«)

Die neue Fremdenführergeneration ist besser ausgebildet als früher. Ihr Beruf ist gesetzlich reglementiert. Man unterscheidet den »accompagnateur de tourisme«, der im ganzen Land tätig sein darf, und den »guide de tourisme«, dessen Tätigkeit sich auf seine Region beschränkt. Offizielle »guides« vermitteln die Hotels und Délégations du Tourisme. Insbesondere im Labyrinth der Altstädte und Ksour empfiehlt sich ein »guide«. Die »brigade touristique« kann ihr wachsames Auge nicht überall haben.

GELD

100 DH	8,96 €/11,16 SFr
1€	11,08 DH
1SFr	8,90 DH

Der **Dirham** (DH) ist in 100 Centimes unterteilt. Es gibt Scheine zu 20, 50, 100, 200 DH, Münzen zu 1, 5 und 10 DH sowie zu 5, 10, 20, 50 Centimes. Ein- und Ausfuhr von DH ist verboten. Die Einfuhr gängiger Fremdwährung ist unbeschränkt. Bei der Ausreise tauscht eine Filiale der Bank, wo Sie gewechselt haben, gegen Vorlage der Quittungen nicht verbrauchte Dirhams zu schlechterem Kurs zurück. Großbanken und ihre Geldautomaten, führende Hotels, Restaurants und Geschäfte akzeptieren **Kreditkarten**, am häufigsten Master und Visa. Kreditkarten sind begehrte Diebesbeute. Vor den Geldautomaten gilt es, besonders aufzupassen. Für Einkäufe in den Médinas, auf Märkten, in Bäckereien und kleinen Läden rüste man sich mit reichlich Kleingeld aus, Wechselgeld ist dort stets knapp.

INTERNET

www.visitmoroco.com
Offizielle Website des Staatlichen Marokkanischen Fremdenverkehrsamts in deutscher Sprache.
www.tourisme-marrakech.org
2007 eingerichtete Website des Conseil régional du tourisme (CRT) von Marrakech.
www.morocconewsline.com
Interaktives Multimedia-Onlinemagazin des Landes, mit Themen von Politik bis Lifestyle. Viel Werbung und Archivmaterial (Englisch).
www.heymorocco.com
Private Seite, seit Mitte 2008 online, die Verantwortlichen sitzen in New

York: Events, FAQ's, Artikel, Service zu Marokko (Englisch).

http://nachrichten.marweb.com, http://news.marweb.com/morocco/ Online-Magazin für den ganzen Maghreb; eher wochen- und monats- denn tagesaktuell. Vermischtes, Wirtschaft (Deutsch/Englisch).

KLEIDUNG

Warme Kleidung und Badesachen gehören immer ins Gepäck. Die Küsten (auch in der Sahara!) sind windig, und die Sommertemperatur liegt dort normalerweise nur bei 22–26 °C, zum anderen kann man auch im Winter bei klarem Wetter am Hotelpool in der warmen Sonne liegen. Shorts und knappe Tops sind außerhalb des Strandbereichs unangebracht.

Im Binnenland kann es während der Sommermonate sehr heiß werden (35–40 °C). Zwischen Ende September und Ende Mai benötigt man einen Regenmantel, im Binnenland Winterkleidung, für das Hochgebirge Schneekleidung. Nur gut belegte Hotels stellen die Heizung an.

MEDIZINISCHE VERSORGUNG
KRANKENVERSICHERUNG

Der Abschluss einer Auslandsreisekrankenversicherung ist ratsam. Lassen Sie sich bei einem Arztbesuch eine detaillierte Rechnung ausstellen, um den Betrag von Ihrer Krankenkasse zurückerstattet zu bekommen.

KRANKENHAUS

Rund um die Uhr besetzte Notfallkliniken gibt es nur in den großen Städten, z. B.
– in **Marrakech**:
Polyclinique du Sud: 2, rue de Yougoslavie (Guéliz) • Tel. 05 24 44 79 99
▶ Klappe hinten, a 2

– in **Fès**:
Hôpital El-Ghassani: Dar Dbibegh • Tel. 05 35 62 27 76, -77, -78
▶ S. 79, östl. c 1
– in **Agadir**:
Polyclinique CNSS: Rue Moulay Youssef • Tel. 05 28 84 65-25, -27

APOTHEKEN

Außerhalb der üblichen Öffnungszeiten (8.30–12.30, 15.30–19.30 Uhr) gibt es immer eine »pharmacie de garde«, deren Telefonnummer und Adresse in der Regel an den Apothekentüren vermerkt ist.

NOTRUF
Police secours (Überfall)
Tel. 19 und 190

Ambulance (Krankenwagen)
Tel. 15 und 150

Verkehrsunfall
Tel. 177

POST

Postämter tragen die Aufschrift »Poste Maroc« (Barid Al-Maghrib). Öffnungszeiten: Mo bis Fr 8 bis 16 Uhr. Die Briefkästen in Marokko sind gelb. Seit 2006 berechnen sich die Postgebühren nach den Kontinenten. Briefe und Postkarten bis 20 g nach Europa kosten jeweils 8,40 DH.

RAMADAN

Kein Monat des muslimischen Jahres ist betriebsamer als der heilige Fastenmonat Ramadan. Allerdings verlagern sich dann Geschäftigkeit und Genüsse auf die Zeit zwischen Sonnenuntergang und -aufgang. Tagsüber wird totale Enthaltsamkeit geübt, was Essen, Trinken, Rauchen und den Geschlechtsverkehr betrifft.

Umso leidenschaftlicher feiern die Abstinenzler nach dem Signal für die Unterbrechung des Fastens (Böllerschuss in den Städten). Die Lokale füllen sich zum Verzehr der unentbehrlichen »harira«, befreundete Familien laden sich gegenseitig zum opulenten Fastenessen ein, die Nacht wird zum Tag. Touristen finden einerseits eine spezifisch muslimische Atmosphäre, andererseits dem Fasten angepasste Öffnungszeiten der Ämter, Geschäfte, Cafés, vieler Restaurants und Sehenswürdigkeiten vor. In Urlaubszentren und in den Großstädten bleiben bestimmte Restaurants auch mittags geöffnet. Die Hotels der gehobenen Kategorien bieten ihren normalen Service.

REISEDOKUMENTE

Deutsche, Österreicher und Schweizer können mit einem gültigen Reisepass einreisen. Kinder benötigen einen Kinderausweis mit Lichtbild oder einen Kinderreisepass. Für einen Aufenthalt bis zu drei Monaten ist kein Visum nötig. Für Ihr Auto ist der nationale Führerschein, der Kraftfahrzeugschein und die internationale grüne Versicherungskarte Vorschrift.

REISEKNIGGE

Seit dem »Arabischen Frühling« im Februar 2011 ist in Marokko kein Thema mehr tabu, doch sind religiöse Fragen mit Takt zu behandeln. Bei privaten Einladungen zieht man vor dem »salon marocain« die Schuhe aus, auch wenn der Hausherr höflich versichert, das sei nicht nötig. Der Dame des Hauses bringt man – sofern man sie nicht näher kennt – am besten eine Süßigkeit mit (Pralinen ohne Alkohol!), für die Kinder empfehlen sich Bonbons.

NEBENKOSTEN

1 Tasse Kaffee	ab 0,70 €
1 Bier	1,10–3,50 €
1 Cola	ab 0,70 €
1 Brot (Baguette, Fladen)	0,10–0,25 €
1 Schachtel Zigaretten	0,40–2,50 €
1 Liter Benzin	1,00 €
Taxi im Stadtbereich	0,50–3,50 €
Mietwagen/Tag	ab 25,00 €

Ein direkter Blickkontakt zwischen Mann und Frau in der Öffentlichkeit wird leicht als Aufforderung zum Flirt verstanden. Bei Dunkelheit sollten Frauen alleine nicht mehr draußen auf der Straße bummeln. Auf dem Land und in den Médinas zeigt man so wenig Haut wie möglich. Höflichkeit geht vor Ehrlichkeit.

REISEWETTER

Optimal ist ein Badeurlaub an den Küsten während der trockenen, warmen Jahreszeit von Juni bis Ende September. Im oft stürmischen, kühlen Halbjahr fallen zwar die meisten Niederschläge (als Sturzregen, im Hochgebirge als Schnee), doch der Kontrast zwischen den schneebedeckten Atlasgipfeln und den grünen Datteloasen ist besonders frappant.

Einen Temperaturanstieg bringt der trockene, Sand führende Steppenwind Chergui, ein Ostwind, der gelegentlich drei bis vier Tage weht. Die Sommertemperatur nimmt landeinwärts zu, die Wintertemperatur ab. Wetterscheide zwischen der feuchten Nordwestzone und der wüstenhaften Südostzone sind die Atlasketten.

SAKRALBAUTEN

Nichtmuslimen ist, wo nicht anderes vermerkt ist, das Betreten intakter

Mittelwerte	JAN	FEB	MÄR	APR	MAI	JUN	JUL	AUG	SEP	OKT	NOV	DEZ
Tagestemperatur	17	18	19	21	22	24	26	27	26	24	21	18
Nachttemperatur	7	8	10	11	13	17	19	19	17	15	11	9
Sonnenstunden	5	6	7	9	9	10	10	10	9	7	6	6
Regentage pro Monat	8	8	8	7	6	2	0	0	2	7	9	10
Wassertemperatur	11	11	12	12	13	14	15	15	16	15	13	11

Moscheen, Heiligtümer (»zaouïas«) und Grabstätten muslimischer Heiliger (»marabouts«) untersagt.

SOUKS

Attraktionen sind beide: die hoch ummauerten ländlichen Wochenmärkte und die Ladengassen in den Altstädten. Beide heißen Souk. Auf dem Land sind Souk-Tag und Stämme, die den Souk veranstalten, an vielen Ortsnamen zu erkennen. Beispiele: Souk-el-Had-des-Mzoura = Sonntags-Souk der Mzoura-Stämme; oder kurz Jemaâ-Beni-Hellal = Freitags-Souk der Beni-Hellal. Die Wochentage lauten: So = el-had, Mo = et-tnîn, Di = et-tleta, Mi = el-arbaâ, Do = el-khemis, Fr = el-jemaâ, Sa = es-sebt.

STROM

Die elektrische Spannung beträgt 100–115 und 220 Volt. Für elektrische Geräte wird in seltenen Fällen ein Steckeradapter benötigt.

TELEFON

VORWAHLEN

D, A, CH ▶ Marokko 00 2 12
Marokko ▶ D 00 49
Marokko ▶ A 00 43
Marokko ▶ CH 00 41

Marokkos Telefonnummern umfassen stets zehn Ziffern. Alle Festnetznummern beginnen mit 05, Mobilnummern in der Regel mit 06. Die Ziffer danach lässt die Zone erkennen, in der der Ort liegt (2 oder 3). Dann erst folgt die eigentliche Rufnummer. An Telefonzellen (»publiphones«) fehlt es nicht. Zahlreich sind auch die von einem Verwalter besetzten »téléboutiques«, deren Betreiber gern wechseln. Bis spät abends geöffnet, kann man hier oft auch faxen. Beide funktionieren mit Münzen von 50 Centimes, 1 DH, 5 DH oder mit Telefonkarten, erhältlich bei der Post. Ein Ortsgespräch von 2 Min. im Festnetz bzw. 30 Sek. im Mobilnetz kostet 1 DH, in Hotels vermittelte Gespräche sind teurer. Handy: Vor der Abreise muss Ihre Karte von Ihrem Netzbetreiber für International Roaming freigeschaltet und auf das marokkanische Netz eingestellt werden.

TIERE

Vierbeiner sind in Marokko keine gern gesehenen Gäste, nur wenige Hotels akzeptieren sie. Auf jeden Fall benötigt man für Hund und Katze ein amtstierärztliches Gesundheitszeugnis, das nicht älter als vier Tage sein darf. Ist Ihr Hund über drei Monate und Ihre Katze über sechs Monate alt, brauchen Sie zudem eine aktuelle Tollwut-Impfbescheinigung.

TRINKGELD

Man gibt etwa 10 % vom Rechnungsbetrag, Gepäckträgern 10 bis 50 DH.

VERKEHR

AUTO

Marokkos Straßen- und Autobahnnetz wird fortlaufend ausgebaut. Trotzdem sind bisher nur zwei Drittel der Straßen befestigt – zur Freude der Pistenfreaks. Auch bei relativ niedriger Verkehrsdichte außerhalb der Großstädte ist stets größte Vorsicht geboten. Fußgänger und Kinder beachten oder kennen die Verkehrszeichen und -regeln nicht und überqueren unbekümmert auch die belebteste Kreuzung, sogar Autobahnen! Auf engen Landstraßen fahren Karren und Erntewagen ohne Beleuchtung. Busse, Laster und Tiere verursachen oft schwere Unfälle.

Im Zuge der neuen Straßenverkehrsordnung hat die Polizei ihre Kontrollen drastisch verschärft; auch auf kleineren Straßen ist mit Radarfallen zu rechnen. Geschwindigkeitsübertretungen werden mit Bußgeldern bis zu 150 € geahndet.

Man unterscheidet zwischen Routes nationales (N), Route régionales (R) und Routes provinciales (P). Hinweis: Man sollte nie versuchen, mit Allradfahrzeugen einen anschwellenden Fluss zu durchqueren. Vielmehr wartet man ab, bis der »Oued vorbeigezogen ist«, wie die Einheimischen treffend sagen.

BUS

Busse sind wichtige und häufig das einzige Verkehrsmittel für das Volk.

Entsprechend dicht ist das Busnetz, innerstädtisch ebenso wie im Fernbusverkehr. Ein Ticketkauf am Vortag ist bei Langstrecken sinnvoll. Das Gepäck wird nach Stück oder Kilo berechnet, registriert und muss vorher aufgegeben werden. Die angegebenen Abfahrtszeiten werden sehr genau eingehalten, Busfahren ist preiswert. Die besten Busse und Fahrer haben die privatisierte **Compagnie de Transports au Maroc – Lignes Nationales** (CTM-LN), **SATAS** und die Straßenergänzung der Staatlichen Eisenbahn, Supratours. Fernbus heißt »car«, Stadtbus »bus«.
Info: www.ctm.co.ma und Centre d'appels • Tel. 05 22 54 10 10

MIETWAGEN

Avis, Europcar und Hertz haben in Agadir, Casablanca, Fès, Marrakech, Ouarzazate, Rabat und Tanger Vertretungen. Voraussetzungen, um einen Wagen zu mieten, sind ein Mindestalter von 21 Jahren, der nationale Führerschein und die Hinterlegung einer Kaution oder der Kreditkarte.

TAXI

Die billigen »petits taxis« halten auf einen Wink und verkehren nur im Stadtbereich, die »grands taxis« im ganzen Land. Als »taxis collectifs« für sechs Fahrgäste haben Letztere feste Tarife, die etwa denen der Busse entsprechen. Wer nicht warten will, bis sechs Personen beisammen sind oder mehr Freiraum wünscht, muss für den leeren Platz mitbezahlen.

ZUG

Das **Office National des Chemins de Fer** (ONCF) betreibt zwei Hauptlinien. Die **Nord-Süd-Achse** geht von Tanger nach Sidi-Kacem, Kénitra,

Rabat, Casablanca, Marrakech, mit Nebenstrecken nach Khouribga, Safi, Oued-Zem, El-Jadida sowie bahneigenen Anschlussbussen nach Beni-Mellal, Agadir, Laâyoune, Ad-Dakhla. Die **West-Ost-Achse** verläuft von Tanger über Meknès, Fès, Taza nach Oujda, mit Bahnbussen nach Tétouan und Nador. Die Anschlusszüge nach Algerien sind seit der Schließung der Landesgrenze 1994 eingestellt. Zwischen Casablanca und dem Flughafen Mohammed V besteht tagsüber ein Pendelverkehr. Info: www.oncf.ma und Centre d'appels Ketary • Tel. 08 90 20 30 40

ZEITUNGEN

Marokko hat eine relativ vielfältige Presse, sowohl in arabischer als auch in französischer Sprache. Wichtige internationale Zeitungen, vor allem aus Frankreich, gibt es an den Kiosken, in Schreibwaren- und Tabakläden sowie in Hauptbahnhöfen.

ZEIT

In Marokko gilt die Westeuropäische (Greenwich) Zeit = MEZ – 1 Std. Die Sommerzeit ist wegen des Ramadans in den nächsten Jahren nur kurz.

ZOLL

Reisende aus Deutschland und Österreich dürfen Waren im Wert von 300 €, bei Flug- bzw. Seereisen von 430 € (Jugendliche: 175 €) abgabefrei mit nach Hause nehmen, Reisende aus der Schweiz im Wert von 300 SFr. Die Waren müssen für den privaten Gebrauch vorgesehen sein. Tabakwaren und Alkohol fallen nicht unter diese Wertgrenze und bleiben in bestimmten Mengen abgabefrei (z. B. 200 Zigaretten, 4 l Wein). Sportausrüstung und teure elektronische Geräte werden im Pass vermerkt. Für Ihr Auto erhalten Sie eine Einfuhrerlaubnis, die Sie bei der Ausreise mit dem Auto wieder vorzeigen müssen. Was Sie einführen, müssen Sie wieder ausführen. Streng verboten ist die Ein- und Ausfuhr von Dirhams, pornografischen Erzeugnissen, Funkgeräten und Rauschgift. Weitere Auskünfte unter www.zoll. de, www.bmf.gv.at/zoll, www.zoll.ch und www.douane.gov.ma.

ENTFERNUNGEN (IN KM) ZWISCHEN WICHTIGEN ORTEN

	Ad-Dakhla	Agadir	Casablanca	Errachidia	Fès	Marrakech	Meknès	Ouarzazate	Oujda	Rabat
Ad-Dakhla	–	1204	1668	1862	1927	1442	1874	1556	2270	1745
Agadir	1204	–	477	671	745	260	692	365	1088	569
Casablanca	1668	477	–	536	293	232	228	417	636	90
Errachidia	1862	671	536	–	339	491	326	302	560	464
Fès	1927	745	293	339	–	485	65	658	343	203
Marrakech	1442	260	232	491	485	–	432	185	828	309
Meknès	1874	692	228	326	65	432	–	617	408	138
Ouarzazate	1556	365	417	302	658	185	617	–	860	494
Oujda	2270	1088	636	560	343	828	408	860	–	546
Rabat	1745	569	90	464	203	309	138	494	546	–

Kartenatlas

Maßstab 1:3 600 000

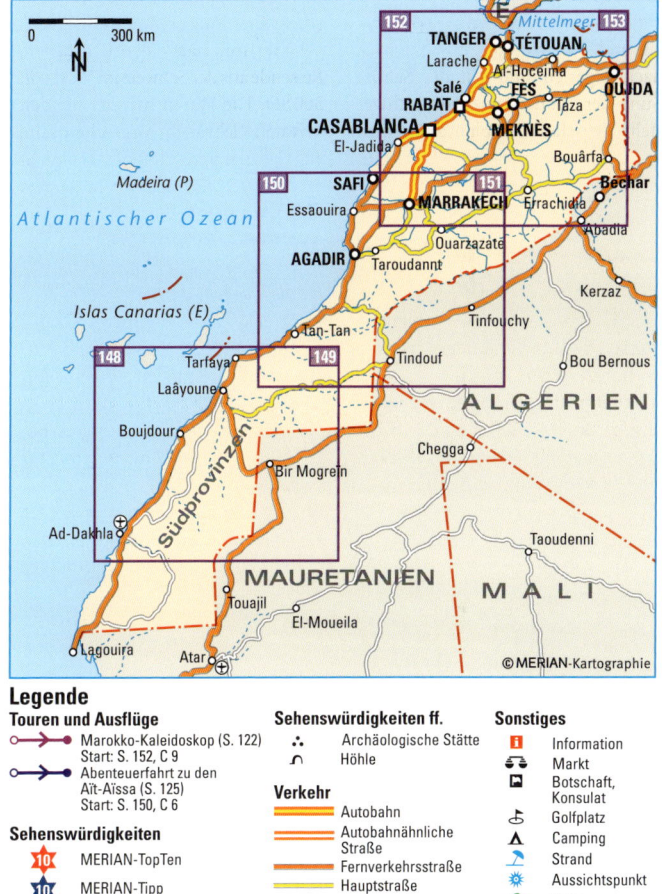

Legende

Touren und Ausflüge

● Marokko-Kaleidoskop (S. 122)
Start: S. 152, C 9
● Abenteuerfahrt zu den
Aït-Aïssa (S. 125)
Start: S. 150, C 6

Sehenswürdigkeiten

🔟 MERIAN-TopTen
🔟 MERIAN-Tipp
⬜ Sehenswürdigkeit,
öffentl. Gebäude
✳ Sehenswürdigkeit Kultur
✳ Sehenswürdigkeit Natur
⛪ Kirche; Moschee
🏛 Museum
🗼 Leuchtturm

Sehenswürdigkeiten ff.

∴ Archäologische Stätte
⌒ Höhle

Verkehr

━━ Autobahn
━━ Autobahnähnliche
Straße
━━ Fernverkehrsstraße
━━ Hauptstraße
─── Nebenstraße
─── Unbefestigte
Straße, Weg
🅿 Parkmöglichkeit
🅱 Busbahnhof
🚉 Bahnhof
✈⊕ Flughafen; Flugplatz

Sonstiges

ℹ Information
🛒 Markt
🏛 Botschaft,
Konsulat
⛳ Golfplatz
⛺ Camping
Strand
☀ Aussichtspunkt
🌴 Oase
✝✝✝ Friedhof
ΨΨΨ Muslimischer
Friedhof
◻ National-,
Naturpark

Garachico
P. del Teide
de Tenerife
Fuerteventura
Puerto
A
18
B
C
Tuinejo
P. N.
del Teide

Santa Cruz
Los
Cristianos
San Nicolás
de Tolentino
1949
LAS PALMAS
de Gran Canaria
Gran Tarajal
Telde
Morro Jable
Gran
Canaria
Maspalomas
Puerto del Rosario

1

Islas Canarias (E)

A t l a n t i s c h e r

Laâyoune
Foum-el-Oued
Laâyoune-Port

O z e a n

2

Lemsid
Al-Matmar
Cap Boujdour
Al-Hassiane
Boujdour

Dra Afratir

544

Oued el-Khatt

Iraïfia

N1

Oued Assaq

Dhaym-
al-Khayl

3

W e s t s a h a r a

Oued Zbayra

(südprovinzen)

Zamlat Amagraj

Skaymat

A g a r g a r

Rabt Sbayta

Sebg
Agl

Bir-Anzarane

39

Cap
Sargo
Ad-Dakhla

4

Imlily
N3
Sebkhet
Tanouzzka
550
Mijek

Dakar, Kapstadt

A
B
C

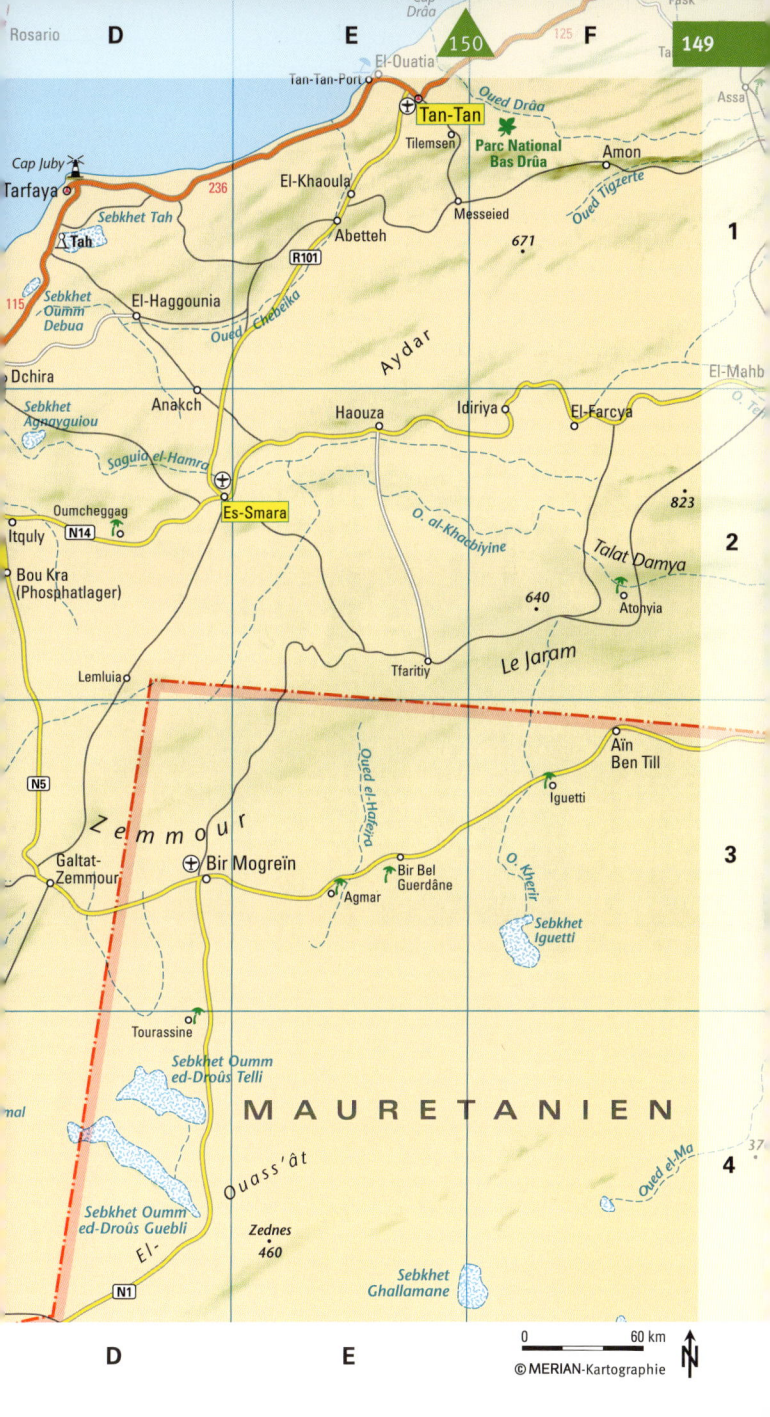

Cap Drâa

El-Ouatia

Tan-Tan-Port

Assa

Tan-Tan

Tilemsen

Oued Drâa

Parc National
Bas Drûa

Amon

Cap Juby

Tarfaya

236

El-Khaoula

Messeied

Oued Tigzerte

1

Sebkhet Tah

Tah

Abetteh

R101

671

El-Haggounia

Oued Chebeika

Aydar

El-Mahb

115

Sebkhet
Oumm
Debua

Dchira

Anakch

Haouza

Idiriya

El-Farcya

O. Ta

Sebkhet
Agnayguiou

Saguia el-Hamra

823

Oumcheggag

Es-Smara

O. al-Khaebiyine

Talat Damya

2

Itquly

N14

Atonyia

Bou Kra
(Phosphatlager)

640

Lemluia

Tfaritiy

Le Jaram

Aïn
Ben Till

N5

Z e m m o u r

Oued el-Hafeira

Iguetti

3

Galtat-
Zemmour

Bir Mogreïn

Bir Bel
Guerdâne

O. Khejir

Agmar

Sebkhet
Iguetti

Tourassine

Sebkhet Oumm
ed-Droûs Telli

M A U R E T A N I E N

37

4

mal

Quass'ât

Oued el-Ma

Sebkhet Oumm
ed-Droûs Guebli

Zednes
460

El-

Sebkhet
Ghallamane

N1

0   60 km

© MERIAN-Kartographie

D   **E**

A **B** **C** Oualidia

Cap Beddouza

Jemâa-Sah

SAFI

Bouguedra

Tnine-Rhiate · Sebt-des Gzoula

5

A t l a n t i s c h e r

97 · Oued Tensift

J. Hadid *725* · Talmest · Sidi-Moktar

Ounara

O z e a n

Essaouira · Tleta-Henchane · Chichaoua

Cap Sim

163 · Imi-n-Tanoute

1595 · N8

Tamanar

183

Imouzzèr-des-Ida-Outanane

Tamri · Argana

6 Cap Rhir · Taghazoute

AGADIR · O. Sous · **Taro**

Inezgane Aït-Melloul · Oulad-Teima · Tio

Santa Cruz de Tenerife, Las Palmas de Gran Canaria

Parc National de Massa · Biougra · Tidsi

Massa · Aït-Baha

Puerto del Rosario · Tassila

Tiznit · **Tafraoute**

Mirleft · Col du Kerdous 1100

Ifni · Tizi-Mighert 1057 · Tleta Akhssass · Amtoudi (Id-Aïssa)

7 · Tada

Foum-Assaka · Bouizakarn · Taïnzert

Plage Blanche · **Guelmim** · 41 · Fam El-Hisn

Cap Drâa · Fask · Taghjicht

125 · Taidalt

El-Ouatia · Assa

Tan-Tan-Port · Oued Drâa

Tan-Tan · J b e l Ou

Tilemsen · Parc National Bas Drâa · Amon · Tisgui-Remz

236 · El-Khaoula · Messeied · Oued Tigzerte

8 · 671

R101 · Abetteh

Hamada de Tin

gounia · Aydar

Oued Chebeika · El-Mahbas

akch

Haouza · 149 · Idiriya · El-Farcya · Oued Tchuchbcaa

A · **B** · **C**

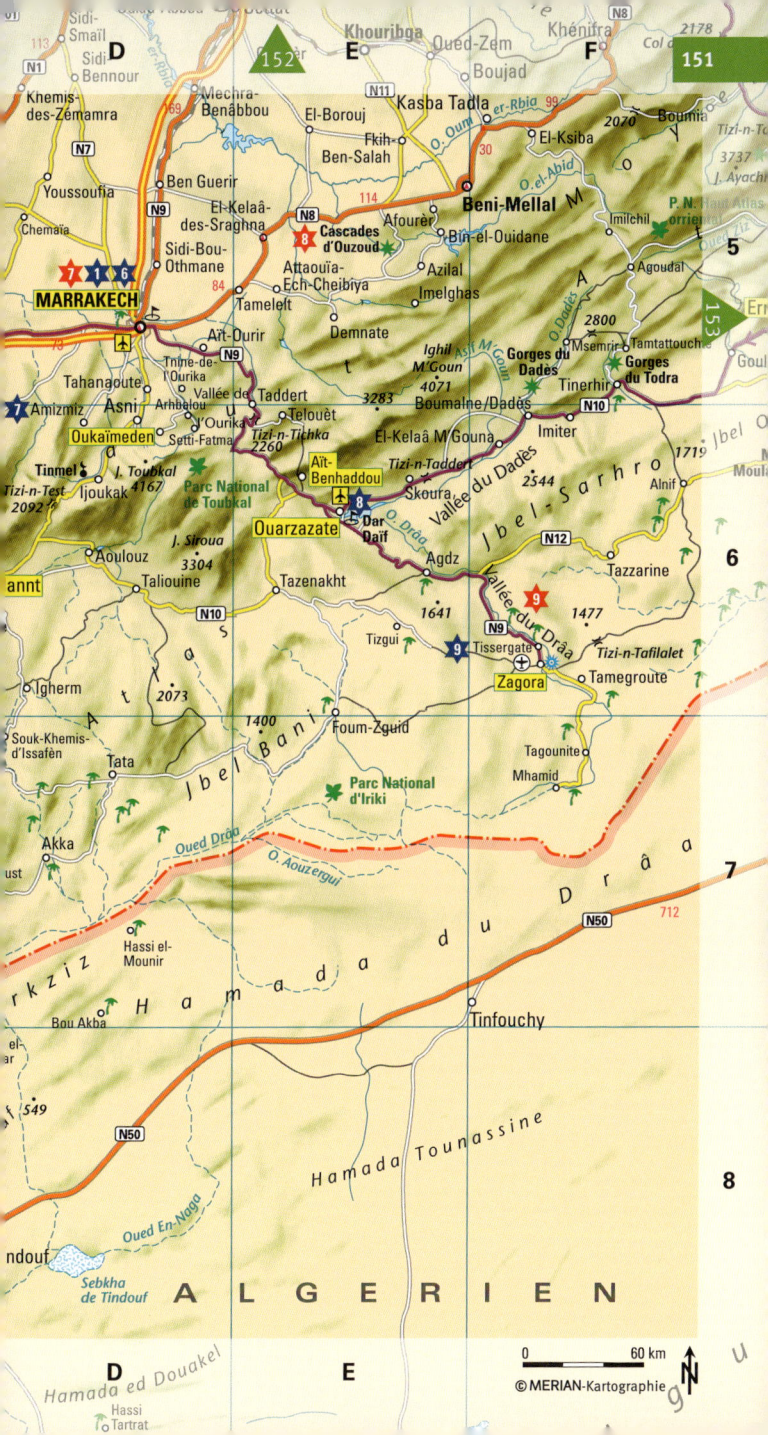

A B C

9

10

11

12

Parque
Natural
de los
Alcornocales
CÁDIZ
San Fernando

Cabo de Trafalgar
Algeciras
Punta de Tarifa
Straße von Gibr
Cap Spartel
Grottes d'Hercule
Cotta
Ksar
es-Seghir
Port
TANGER
TÉTOUAN
88
Asilah
64

A t l a n t i s c h e r

O z e a n

Lixus
Larache
Ksar-el-
Kebir
R
B
Loukos
Moulay-
Bousselham
36
Arbaoua
Basra
Quezza
Souk-el-Arba-
du-Rharb
37
Sidi-Allal-Tazi
110
70
N1
Mechra-
Ben-Ksiri
Fès
N13
Sidi-Yahya-
du-Rharb
60
Sidi-Kacem
KÉNITRA
Sidi-Bouknadel
Forêt de la
Marmora
Volubilis
Moulay
Idriss
J. Zerhe
1118
3 4 **SALÉ**
4 **RABAT**
Sidi-Allal-
el-Bahraoui
68
57
Khemisset
MEKNÈS
Mohammedia
81
Bouznika
Aïn-el-Aouda
N6
N31
El-Hajeb
2 **CASABLANCA**
A3
Ben-Slimane
Mâaziz
174
Azemmour
28
Aïn-Diab
Médiouna
Rommani
Belvédère d'Ito
If
3
Aéroport
Mohammed V
Oulmès
Azrou
El-Jadida
Bir-Jdid
A3
Berrechid
Ez-Zhiliga
N13
Port de
Jorf-Lasfar
18
30
N9
Ben Ahmed
Aïn-Leuh
Sidi-Abed
R301
Souk-Jemâa-des-
Oulad-Abbou
Settat
Mrirt
82
Sidi-
Smaïl
Guissèr
Khouribga
Khénifra
N1
113
Sidi-
Bennour
Oued-Zem
Col du Zi
Khemis-
des-Zémamra
69
Mechra-
Benâbbou
El-Borouj
Boujad
N11
Kasba Tadla
99
Boumi
âa-Sahi
N7
Fkih-
Ben-Salah
2070
El-Ksiba
edra
150
Youssoufia
Ben Guerir
114
P.N.
orrie
Sebt-des-
Gzoula
N9
El-Kelaâ-
des-Sraghna
Afourèr
Beni-Mellal
M
Imilchil
Chemaïa
N8
Sidi-Bou-
Othmane
**Cascades
d'Ouzoud**
Bin-el-Ouidane
Azilal
A
Agoudal
Sidi-
Moktar
7 1 6
84
Attaouïa-
Ech-Cheibiya
Imelghas
2800
chaoua
MARRAKECH
Tamesloht
Demnate
Ighil
M'Goun
O. Dadès
Msemrir
Tamtattouc
Aït-Durir
N9
4071
Tinerhir
Gorges
du Todra
Tahanaoute
Tnine-de-
l'Ourika
Vallée de Taddert
3283
Boumalne/Dadès
N10
7
Amizmiz
Asni
Arhbalou
Teloüet
Tizi-n-Tichka
El-Aït-M'Gouna
Imiter
Alnif
Oukaïmeden
Setti-Fatma
2260
Skoura
l-Sarhro
Tinmel
J. Toubkal
Tizi-n-Test
Ijoukak 4167
2092
B
Aït-
Benhaddou
151
Tizi
dr
2544
Vallée du Dadès
C
171

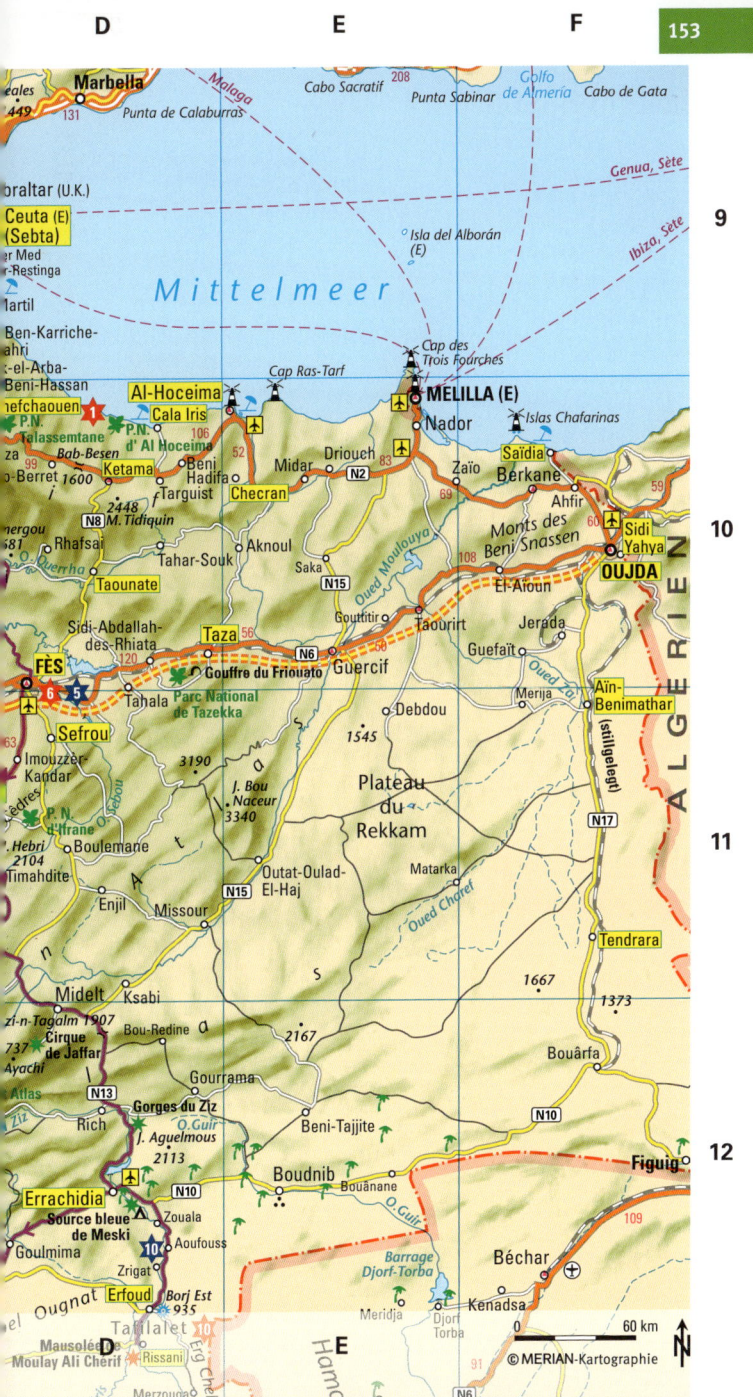

Kartenregister

Zeichenerklärung

○	Orte
△	Kap, Insel
▲	Gebirge
∞	Landschaft
~	Gewässer, Strand
★	Sehenswürdigkeit
☆	Nationalpark

Orts- und Sachregister

Wird ein Begriff mehrfach aufgeführt, verweist die **fett** gedruckte Zahl auf die Hauptnennung, eine *kursive* Zahl auf ein Foto.
Abkürzungen:
Hotel [H]
Restaurant [R]

Liebe Leserinnen und Leser,
vielen Dank, dass Sie sich für einen Titel aus unserer Reihe MERIAN *live!* entschieden haben. Wir freuen uns, Ihre Meinung zu diesem Reiseführer zu erfahren. Bitte schreiben Sie uns an merian-live@travel-house-media.de, wenn Sie Berichtigungen und Ergänzungen haben – und natürlich auch, wenn Ihnen etwas ganz besonders gefällt.

Alle Angaben in diesem Reiseführer sind gewissenhaft geprüft. Preise, Öffnungszeiten usw. können sich aber schnell ändern. Für eventuelle Fehler übernimmt der Verlag keine Haftung.

© 2014 TRAVEL HOUSE MEDIA
   GmbH, München
MERIAN ist eine eingetragene Marke der GANSKE VERLAGSGRUPPE.

Alle Rechte vorbehalten. Nachdruck, auch auszugsweise, sowie die Verbreitung durch Film, Funk, Fernsehen und Internet, durch fotomechanische Wiedergabe, Tonträger und Datenverarbeitungssysteme jeglicher Art nur mit schriftlicher Genehmigung des Verlages.

BEI INTERESSE AN DIGITALEN DATEN AUS DER MERIAN-KARTOGRAPHIE:
kartographie@travel-house-media.de

BEI INTERESSE AN MASSGESCHNEI-DERTEN MERIAN-PRODUKTEN:
Tel. 0 89/4 50 00 99 12
veronica.reisenegger@travel-house-media.de

BEI INTERESSE AN ANZEIGEN:
KV Kommunalverlag GmbH & Co KG
Tel. 0 89/9 28 09 60
info@kommunal-verlag.de

TRAVEL HOUSE MEDIA
Postfach 86 03 66
81630 München
merian-live@travel-house-media.de
www.merian.de

4., unveränderte Auflage

VERLAGSLEITUNG
Dr. Malva Kemnitz
REDAKTION
Stella Rahn, Susanne Kronester
LEKTORAT
Ewald Tange, tangemedia, München
BILDREDAKTION
Lisa Grau, Tobias Schärtl
SCHLUSSREDAKTION
Ulla Thomsen
SATZ
Ewald Tange, tangemedia, München
REIHENGESTALTUNG
Independent Medien Design,
Elke Irnstetter, Mathias Frisch
KARTEN
Gecko-Publishing GmbH
für MERIAN-Kartographie
DRUCK UND BINDUNG
Firmengruppe APPL, aprinta druck,
Wemding

Ein Unternehmen der
GANSKE VERLAGSGRUPPE

PEFC
PEFC/04-32-0928